Bildnachweis: Cover: © Michael Gottschalk; S. 6, 7, 136, 147: © Eric Mayer; S. 20, 28, 34, 52, 54, 67, 103, 109, 110, 123, 124, 130, 135, 140, 141, 143, 148, 154: Lizenz durch ZDFE, Mainz © ZDF 2020; S. 23: © Novespace/CNES/DLR/ESA; S. 41, 146, 153: © DLR; S. 51: © NASA, Mark Sowa; S. 58, 59: © Dirk Beppler, Lizenz durch ZDFE, Mainz © ZDF 2020; S. 68, 83: © NASA, Rodney Grubbs; S. 76: © Shutterstock, Marek Musil; S. 87, 91, 92: © Jonas Sichert, Lizenz durch ZDFE, Mainz © ZDF 2020; S. 97: © Karo Körber, Lizenz durch ZDFE, Mainz © ZDF 2020; S. 125, 129, 145: © NASA

CARLSEN

Damit du weißt, mit wem du es zu tun hast!

Das bin ich ↘

Name: Eric Mayer — „Mit C und Ah Ypsilon!". ... wie oft ich diesen Satz wohl schon gesagt habe?

Beruf: Reporter & Journalist

Lieblingsessen: Grüne Soße mit Ei. Ist ein hessisches Traditionsgericht aus meiner Heimat.

Hobbys: Raus in die Natur gehen, mit Freunden bis spät in die Nacht quatschen, im Gras liegen und lesen

Am meisten zu sehen...

... in der ZDF-Wissenssendung PUR+.

Meine Reportagen, jede Menge Folgen und die Ausstrahlungstermine findet ihr im Internet!

Wie bin ich zu meinem Job gekommen?

Erst studiert, dann beim Radio gearbeitet und schließlich über ein Casting beim Fernsehen gelandet.

Top 3 meiner krassesten Reportagen:

1. Krokodil mit eigenen Händen gefangen
2. Zwei Tage lang ohne Schlafen
3. Bei -110 Grad in einer Kältekammer gewesen

Lebensmotto:

Wenn eine Idee am Anfang nicht total verrückt klingt, gibt es keine Hoffnung für sie.

(Sagte schon der Physiker Einstein)

Das ist mein Hund

Name: Caramelo de Andalucia
(weil er aus Andalusien kommt)

Spitznamen: Schnuppsie, Mäusezahn oder Herr Sabbsich (wegen Sabbern)

Beruf: Früher Straßenhund, heute Couch-Kuschler und Hasen-Nachrenner

Lebenslauf: Wurde als abgemagerter Welpe am Strand in Spanien gefunden, gerettet und ist kurz darauf bei mir in Deutschland eingezogen.

Dunkelstes Geheimnis: Beißt Kuscheltieren Arme und Beine ab und sammelt sie in seinem Körbchen.

Bitte nicht!
1. Rolltreppen
2. Staubsauger
3. Silvesterböller

Geht immer!
1. Maulwurfshügel zerstören
2. verrückt durch den Wald rennen
3. zufrieden unterm Küchentisch einschlafen

Lebensmotto:
Prinzipiell sollte alles angeschnuppert, angebellt oder gefressen werden.

Wir danken dem Deutschen Zentrum für
Luft- und Raumfahrt (DLR) für die fachliche
Unterstützung.

© 2020 Carlsen Verlag GmbH, Völckersstraße 14-20, 22765 Hamburg
Konzept und Text: Eric Mayer
Illustrationen: Igor Dolinger
Grafik, Layout, Satz: Simone Busch
Lektorat: Cordula Thörner
Herstellung: Ina Anders, Stefanie Frassek

... die Eroberung des Weltalls

Geschrieben von Eric Mayer,
gezeichnet von Igor Dolinger

Gestaltet von Simone Busch

Das hier steht alles

Mission	Thema	Seite
?	Warum gehe ich auf diese Wissensmission?	12–17
1	Die Schwerelosigkeit *oder* Im Sturzflug über dem Atlantik	18–37
2	Astronauten und ihre Fähigkeiten *oder* Im Schleuderprogramm der Astro-Waschmaschine	38–55
3	Raketentechnik *oder* Mein Einparken im Weltall	56–69
💡	**Mein Weltraum-Crashkurs** *Teil 1*	70–79
4	Gefährlicher Weltraum *oder* Die Presswurst im Anzug	80–93

in meinem Notizbuch

Mission	Thema	Seite
	Alltagsprobleme im All *oder* Achtung, Weltraumgeschoss! 	94–111
 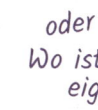	Mein Weltraum-Crashkurs Teil 2	112–119
	Ich treffe eine Astronauten *oder* Wo ist hier eigentlich die Erde?	120–137
	Auf zum Mars! *oder* Gurke im Weltall	138–155
	Infos zu meinem Podcast	156–157

Einleitung

Liebe Leserin, lieber Leser!

Fest umklammere ich die Hand meines Vaters und schaue gebannt zu den Sternen, als er folgenden Satz zu mir sagt:

> „Eines Tages wirst du vielleicht da oben unterwegs sein, irgendwo im Universum, und neue, unbekannte Welten entdecken."

Wir stehen auf einem dunklen Wanderweg mitten im Wald. Wow! Diese Worte haben gesessen. Wenig später liege ich aufgekratzt im Bett und stelle mir fasziniert vor, wie das wohl wäre: die Erde in Richtung Universum zu verlassen.

Ich war damals acht Jahre alt, aber dieser Abend lässt mich seither nicht mehr los.

Ich glaube, wir Menschen müssen Grenzen überschreiten, um uns weiterzuentwickeln. Warum also nicht mit dem Raumschiff durch das Universum? Das Unbekannte erforschen?

Die Eroberung des Weltalls ist eines der aufregendsten Abenteuer der Menschheit. Und wir stecken mittendrin.

Inzwischen bin ich Reporter und konnte schon viele Missionen erleben, die sich um dieses Thema drehen.

Einleitung

Wenn ich unterwegs bin, schreibe ich alles auf – nicht nur die harten Fakten, sondern auch meine Gedanken und die vielen aufwühlenden Emotionen.

Das alles landet in meinem Notizbuch, es ist so etwas wie mein ganz persönlicher Schatz.

Ich bin mir sicher, dass dieser Schatz bei dir in den besten Händen ist. Denn schon allein, dass du diese Zeilen hier liest, zeigt mir: Du bist wissensdurstig und offen, mit einer Extraportion Neugier obendrauf. Das haben wir also schon mal gemeinsam.

Wenn ich nach meinen Wissensreisen noch mehr erfahren will, führe ich manchmal zusätzliche Gespräche mit spannenden Leuten – und die kannst du in meinen vier Podcast-Folgen zu diesem Buch anhören.

Wie du die findest und was darin vorkommt, steht auf Seite 156

Warum mache ich das alles? Also, bei mir ist das so: Wenn mich ein Thema so richtig interessiert, dann bekomme ich so ein Wissenskribbeln im Bauch und ich mache mich auf die Suche nach der WAHRHEIT dazu. Großes Wort, ich weiß. Aber lass mich mal erklären:

Die Welt ballert uns doch ständig mit irgendwelchen Informationen zu. Im Handy piepen Nachrichten und Newsfeeds rein. Auf Social-Media-Kanälen plappern Millionen Leute um die Wette. Und egal, was wir wissen möchten, das Internet hat unendlich viele Antworten parat.

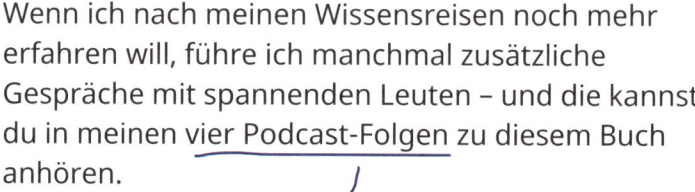

Volle Info-Flut – das ist einfach zu viel!

Einleitung

Und eine total wichtige Frage geht dabei sehr schnell unter: Was von dem ganzen Zeug stimmt eigentlich? Was sind Fake-News, was sind Fakten? Was davon ist wirklich WAHR?

Sprich: Fäik-Nius. Englisch für „Falsche Nachrichten"

Denn nur, wenn ich weiß, ob etwas tatsächlich stimmt, kann ich mir doch eine vernünftige Meinung dazu bilden. Deswegen will ich zu jedem Thema, das mich interessiert, möglichst viele Fakten kennen.

Es gibt ja diesen Spruch: „Wissen ist Macht."
Ich habe den ein bisschen abgewandelt und sage immer: **Wissen macht stark – und zwar im Kopf!**

Also, bereit für ein bisschen Köpfchen-Training?

Na, dann los ...

Dein ERIC

Die Schwerelosigkeit

oder Im Sturzflug über dem Atlantik

Meine erste Wissensmission hat es in sich: Vor mir liegt ein sogenannter Parabelflug, bei dem die anderen Passagiere und ich die Schwerelosigkeit erleben werden.

Erste Mission

Wenn ich an Menschen im Weltall denke, sehe ich sofort Astronauten vor mir, die einfach so in ihrer Raumstation herumschweben.

Im Weltall herrscht Schwerelosigkeit und das hat mich schon immer fasziniert. <u>Wie cool muss sich das anfühlen?!</u> Wenn ich das Thema „Eroberung des Weltalls" besser verstehen will, führt an der Schwerelosigkeit also kein Weg vorbei.

Daher werde ich sie am eigenen Leib erfahren. In meiner Magengegend schwurbelt eine Mischung aus Neugier, Vorfreude und Anspannung. Was erwartet mich genau? Ich habe keinen Schimmer!

Okay, Gassigehen wäre eine Herausforderung, wie soll ich in der Schwerelosigkeit die Hundehaufen einsammeln? Oje!

Folgende Reporter-Fragen habe ich im Gepäck:

Meine Faktenfrage:
Was genau ist Schwerelosigkeit?

Meine ganz persönliche Forscherfrage:
Wie fühlt Schwerelosigkeit sich eigentlich an und was macht sie mit mir?

SPOILER-ALARM!
In diesem Kapitel steht, wie viele **Kotztüten** ich füllen kann!

Mein Bericht von der Schwerelosigkeit

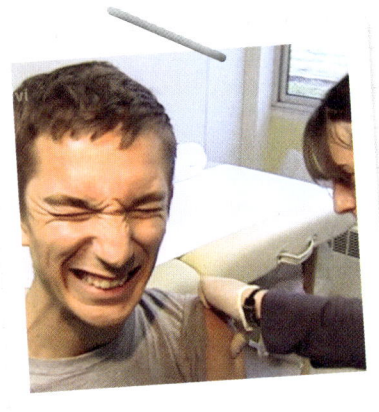

AUTSCH – ich hasse Spritzen! Aber gut, anscheinend ist das in diesem Fall nötig. Sonst könnte es passieren, sagt die Ärztin, dass einem an Bord kotzübel wird. Um dem vorzubeugen, bekommen alle Teilnehmer vor dem Flug dieses Medikament gespritzt. Ein guter Grund also, den Piks zu ertragen: Schließlich möchte ich die Schwerelosigkeit erleben, ohne dass mir dabei schlecht ist! Ich muss das gerade mal laut aussprechen, damit ich es wirklich glaube:

Schwerelosigkeit.

Was kommt da bloß auf mich zu?

Abkürzung: **DLR.**
Dort wird unter anderem an allem, was mit Luft-und Raumfahrt zu tun hat, geforscht.

Ich bin mit einer Gruppe von Forschern und Mitarbeitern des Deutschen Zentrums für Luft- und Raumfahrt in Frankreich. Auf einem Flugplatz in Bordeaux nahe dem Atlantik. Von hier aus startet gleich das Flugzeug, in dem rund 40 Wissenschaftlerinnen und Wissenschaftler und ein einziger Reporter schwerlos werden sollen – und der Reporter bin ich! Einfach nur unglaublich. Aber ich versuche, ruhig zu bleiben.

Wie genau das geht, steht ab Seite 32.

Einatmen.

Ausatmen.

Trotzdem bleibt mein Aufregungslevel kurz vor dem Anschlag.

Astronauten trainieren jahrelang, um in der Schwerelosigkeit leben und arbeiten zu können. Ob ich das aushalte? Und was, wenn nicht?

Wir betreten das spezielle Flugzeug, den „Zero G". Das steht für „Zero Gravity", also „Null Schwerkraft" an Bord.

→ Auch ich musste vorher für einen Komplett-Check zum Arzt. **Blutbild, Blutdruck, Pipiprobe –** das volle Programm!

Mein Bericht von der Schwerelosigkeit

Die Stimmung im Inneren ist ruhig und konzentriert. Solche Parabelflüge dienen ausschließlich der Forschung. Die mitfliegenden Physikerinnen, Biologen und Mediziner werden jede Menge Experimente durchführen, um wertvolle wissenschaftliche Erkenntnisse zu gewinnen. Sie beobachten beispielsweise Fische während der Schwerelosigkeit, um zu verstehen, wie der Gleichgewichtssinn – auch beim Menschen – genau funktioniert. Oder sie untersuchen bestimmte Kristalle beim Schweben, um mit diesem Wissen bessere Computerbauteile herzustellen. Total spannend!

Ich hingegen bin heute Gast und erforsche nur, was die Schwerelosigkeit mit _mir_ anstellt.

Das Gleichgewichtsorgan im Ohr verträgt es besser, wenn es nur in eine Richtung und nicht kreuz und quer beschleunigt wird.

Während ich mich anschnalle, gibt mir eine Wissenschaftlerin noch schnell einen Rat: „**In den Beschleunigungsphasen immer nach vorne schauen, den Kopf ruhig halten und nicht zur Seite drehen! Sonst droht Übelkeit!**"

Okay, ich freue mich auf den Flug, bei dem ich 31 Mal (!) schwerelos sein werde.

Der erste Steigflug beginnt! Die Flugzeugnase Richtung Himmel sind wir jetzt 550 Kilometer in der Stunde schnell! Ich werde in den Sitz gepresst – genau wie in der Achterbahn bei rasantem Tempo.

Ich merke, wie sich Schweißperlen auf meiner Stirn bilden. Meine Finger krallen sich in die Armlehnen. Mensch, was tue ich mir hier nur an?
Wäre Caramelo dabei, würde ich mich vor Aufregung jetzt ganz fest an ihn drücken. Aber es gibt kein Zurück mehr. Und bevor ich noch weiter nachdenken kann, sagt eine Stimme aus dem Lautsprecher

„Injection" → *Das ist Englisch und bedeutet so viel wie „Eintritt" - in die Schwerelosigkeit.*

und etwa acht Kilometer über dem Atlantik leiten die Piloten ein genau berechnetes, spektakuläres Flugmanöver ein.

In diesem Moment wird hier drin die Schwerkraft außer Kraft gesetzt. Wahnsinn ...

Aber was genau ist denn das eigentlich – die Schwerkraft?
Meine Recherchen dazu haben Folgendes ergeben:

(Gleich geht's weiter mit meinem Bericht, jetzt erst mal ein paar Fakten.) »

23

ALLES ZIEHT SICH GEGENSEITIG AN!

Überall auf der Erde herrscht Erdanziehungskraft, auch Schwerkraft oder Gravitation genannt. Das ist eine mächtige Kraft! Sie zieht alles Richtung Erde und ist der Grund dafür, dass nichts ins Weltall davonschwebt. Gäbe es sie nicht, würde wirklich alles abhauen: mein Hund Caramelo beim Gassigehen, das Wasser der Ozeane und auch der Schulranzen mit den nicht gemachten Hausaufgaben drin.

↳ Super Ausrede beim Klassenlehrer!

Als einer der ersten Wissenschaftler hat sich der englische Physiker Sir Isaac Newton mit der Schwerkraft beschäftigt. ↳ *Wird so ausgesprochen:*
Söhr Eißäk Njuten.

• FAKTEN ZUR **SCHWERELOSIGKEIT** • FAKTEN ZUR **SCHWERELOSIGKEIT**

Im Jahre 1660 saß er gerade im Garten seiner Mutter, als ihm angeblich ein Apfel auf den Kopf fiel. Und da hat er sich gefragt: Warum fällt eigentlich alles immer geradewegs nach unten? Warum nicht schräg oder nach oben?

Er wusste: Die Erde ist riesig und schwer. Physiker sagen dazu auch, sie hat eine große Masse. Und daraus hat Newton folgende Theorie abgeleitet:

Jeder Körper im Universum (ganz egal ob Planet, Hund oder Apfel) hat eine bestimmte Masse und aufgrund dieser Masse eine eigene Anziehungskraft. Diese geht vom Mittelpunkt eines jeden Körpers aus. Und je mehr Masse ein Körper hat, desto größer ist auch seine Anziehungskraft.

Man nennt sie deswegen auch „Massenanziehung".

Merke:
kleine Masse =
kleine Anziehungskraft

große Masse =
große Anziehungskraft

• FAKTEN ZUR **SCHWERELOSIGKEIT** • FAKTEN ZUR **SCHWERELOSIGKEIT**

Und weil nichts auf der Erde eine größere Anziehungskraft hat als die Erde selbst, wird eben alles von ihr angezogen und fällt nach unten Richtung Erdmittelpunkt. Newtons Theorie war damals ein ziemlicher Knaller!

Etwa 250 Jahre später hat sich der Physiker Albert Einstein noch mehr Gedanken dazu gemacht. Und zwar in seiner berühmt-berüchtigten **allgemeinen Relativitätstheorie**. Berühmt, weil sie unser Bild des Universums bis heute grundlegend prägt. Und berüchtigt, weil sie sehr komplex und für Laien superschwer zu verstehen ist.

Ein Beispiel: Er spricht von Vertiefungen in der unsichtbaren „Raumzeit", durch die Anziehungskräfte entstehen.

Ähhhh, WHAT?

Kleine Notiz an mich selbst:

Wenn ich Einstein verstehen will, nehme ich mir mal ein Jahr frei und werde zum **Physik-Profi.**

WOW!-WISSEN

ERDANZIEHUNGSKRAFT

Je größer die Entfernung zum Mittelpunkt eines Körpers ist, desto schwächer wird die Anziehungskraft.

Auf dem Gipfel des höchsten Berges der Erde, des 8848 Meter hohen Mount Everest (er liegt zum Teil in Nepal, zum Teil in Tibet), herrscht tatsächlich ein ganzganzganz kleines bisschen weniger Erdanziehungskraft als an seinem Fuß. Das merkt man selbst nicht, ist aber mit Spezialgeräten messbar.

Mount Everest

NAME Mount Everest
HÖHE 8848 Meter
BESONDERHEIT
Auf dem Gipfel herrscht weniger Erdanziehungskraft als an seinem Fuß.

(Genug Fakten, zurück zu meinem Bericht.)

Mein Bericht von der Schwerelosigkeit

Wahnsinn … die Schwerelosigkeit im Flugzeug setzt ein. Mein Hintern entfernt sich von meinem Sitz und – ey, wäre ich nicht selbst dabei, würde ich sagen, das kann nicht wahr sein – ich schwebe!

Ganz ehrlich, was da gerade passiert, überfordert mich.

ICH BIN SCHWERELOS!

Von meinem Gehirn kommt nur: **„Ähm, sorry, dazu kann ich leider nix sagen, ich schalt mich mal eben ab!"**

Und während mein Kopf leer ist wie ein Handyakku am Abend, durchströmt mich ein Glücksgefühls-Kribbel-Rausch. Anscheinend bin ich damit nicht allein, Jubelschreie kommen aus jeder Ecke der Maschine. Tja, Wissenschaftler sind eben auch nur Menschen.

Ein Schwarm völlig überdrehter Schmetterlinge flattert von meinen Fußspitzen zu meinem Kopf und wieder zurück. So jedenfalls fühlt es sich an – es ist einfach nur überwältigend!

Ich will gar nicht, dass es aufhört. Doch nach etwa 22 Sekunden ist die Schwerelosigkeit erst mal beendet.

Okay, kurz durchatmen. Mein Blick wandert zu den Wissenschaftlerinnen und Wissenschaftlern. Geschäftig werkeln sie an ihren Apparaturen und Monitoren rum und sichern erste Ergebnisse. Faszinierend, wie gekonnt und professionell sie unter diesen extremen Bedingungen arbeiten.

Die nächsten Schwebephasen folgen Schlag auf Schlag. Mit einer Hand immer am Gurt, traue ich mich jedes Mal, ein bisschen weiter von meinem Sitz abzuheben, und genieße das federleichte Prickelgefühl im Bauch.

Dann begebe ich mich in eine Art Schweberaum. Nur in diesem Bereich ist das freie Schweben erlaubt, <u>beim Experimentieren sind die Wissenschaftler gesichert</u>. Alles hier ist gepolstert und mit Netzen umspannt, damit man ohne Verletzungsgefahr fröhlich vor sich hinschweben kann. Und genau das habe ich jetzt vor.

Alle Wissenschaftler haben einen genau zugeordneten Bereich, in dem sie sich nur um ihre Versuche kümmern.

Aber warum geht das eigentlich, warum bin ich hier drin schwerelos?

SCHWERELOSIGKEIT = SCHWERKRAFT MINUS GEGENKRAFT. *HÄ?*

Also – was genau ist das, die Schwerelosigkeit? Die Antwort darauf hat mich ziemlich überrascht: Schwerelosigkeit heißt nämlich nicht unbedingt, dass KEINE Schwerkraft auf einen Körper wirkt. Sondern einfach nur, dass diese Schwerkraft nicht mehr spürbar ist!

Folgendes Beispiel: Ich stehe in einem Fahrstuhl auf einer Waage. Die Schwerkraft zieht mich natürlich auch hier nach unten, allerdings sind da ja noch Aufzug und Waage, die sagen: „Moment mal, dieser junge Herr wird nicht zum Erdmittelpunkt gezogen, wir halten mit unserer Gegenkraft dagegen!"

Schwerkraft zieht runter

Gegenkraft hält dagegen

Und nur wegen dieser Gegenkraft spüren wir überhaupt, dass wir nach unten gezogen werden – weil sie uns aufhält. Ob Stuhl, Sofa oder Erdboden, irgendwas hält uns ja immer auf, und nur deswegen spüren wir ständig die Schwerkraft.

Jetzt nehme ich mal an, dass der besagte Aufzug ungebremst in die Tiefe saust – dann fallen die Waage und ich in der gleichen Geschwindigkeit mit nach unten. Unter meinen Füßen ist nun keine Gegenkraft mehr, die sich der Schwerkraft entgegenstellt. Die Waage zeigt null an, es ist kein Gewicht mehr messbar – ich bin schwerelos!

Der Zustand, bei dem die Schwerkraft nicht spürbar ist, weil die Gegenkraft fehlt, ist Schwerelosigkeit!

Das bedeutet, alles, was ohne Gegenkraft nach unten fällt, ist in genau diesem Moment schwerelos. Also auch ein Fallschirmspringer beim Fallen, ein Schwimmer, der vom Sprungbrett hüpft, oder ich, wenn ich auf einem Trampolin rumhopse.

Und wie funktioniert das im Parabelflieger? Das Flugzeug fliegt dazu eine ganz bestimmte Kurve, eine sogenannte Parabel.

IGKEIT • FAKTEN ZUR **SCHWERELOSIGKEIT** • FAKTEN ZUR **SCHWER**

… kontrolliert in einem Bogen nach unten zu fallen. Sie ist im freien Fall.

Schwerelosigkeit
LOS

Nach etwa 22 Sekunden geben die Piloten wieder Vollgas und der Sturzflug wird abgefangen.

20 Sekunden

Der Grund für die Schwerelosigkeit ist derselbe wie in meinem Aufzug-Beispiel:

An Bord spüren wir Passagiere keine Gegenkraft mehr, da wir genauso schnell wie das Flugzeug Richtung Erde fallen.

Alles an Bord ist in diesem Moment schwerelos.

Der Flug dauert fast vier Stunden. In den kurzen Pausen zwischen den Parabeln können die Wissenschaftler etwas an ihren Experimenten verändern.

33

Mein Bericht von der Schwerelosigkeit

Die nächsten Parabeln kommen und ich lege im Schweberaum los: locker abheben, mich um jede erdenkliche Körperachse drehen und dann schön durch den Raum düsen.

Ich fühle mich wie ein Fünfjähriger, der zum ersten Mal auf den weltbesten Abenteuerspielplatz darf! Einfach nur volles Programm Spaß! So viel Glücksgrinsen hat der Parabelflieger sicher noch nicht gesehen – aber schließlich bin ich mit dem klaren Auftrag an Bord, meinen Körper der Schwerelosigkeit auszusetzen.

Nur leider vergesse ich bei der ganzen Euphorie die Goldene Regel des Parabelflugs: In den Beschleunigungsphasen immer nur nach vorne schauen und vor allem den Kopf ruhig halten, sonst macht das Gleichgewichtsorgan Stress!

Das war ja eine ganz wichtige Anweisung der Crew!!!

Die Quittung dafür werde ich gleich kriegen …

Nach 15 Parabeln kommt eine kurze Pause, jeder hat Zeit, etwas zu trinken. Gleich folgen weitere 16 Parabeln.

Als ich gerade denke, dass die nächste Runde wieder richtig super werden wird, macht es in mir irgendwie **KLICK**. Und von einer Sekunde auf die nächste habe ich das Gefühl, als würde sich jede meiner Körperzellen einen neuen Platz suchen. In mir tobt das totale Chaos, und mein Körper sagt plötzlich:

„Will nur mal schnell ausprobieren, was passiert, wenn ich nicht mehr funktioniere, okay?"

Meine Knie zittern, ich werde weiß wie eine Wand und schleppe mich gerade noch zum Sitz. Moment mal, fliegen wir echt noch zwei Stunden und ich muss weitere 16 Parabeln aushalten? Kann ich bitte irgendwie aussteigen? Vielleicht hat jemand einen Tipp, was ich jetzt … Ich kann den Gedanken nicht zu Ende führen, schnappe mir eine Tüte und es geht los. Ich schreib das jetzt hier mal ganz unverblümt: Ich kotze mir die Seele aus dem Leib.

Mein Fehler, ich habe das Rumgeschwebe einfach übertrieben. Selbst Schuld!

Mein Bericht von der Schwerelosigkeit

Als die Tüte voll ist, schaue ich mich panisch und hilfesuchend um. Geduldig reicht mir ein Arzt eine Tüte nach der anderen, nimmt die vollen entgegen und entsorgt sie rasch.

Auf jedem Flug ist ein Arzt oder eine Ärztin mit dabei – zur Sicherheit!

Das Personal an Bord ist zum Glück auf Härtefälle wie mich vorbereitet, obwohl solche Übelkeitsattacken selten vorkommen.

Nach Tüte vier hat mein Magen alles gegeben, was in ihm steckt. Wie gut, dass Caramelo nicht an Bord ist – ihm auch noch eine Tüte vor die Schnauze zu halten, würde ich jetzt echt nicht hinkriegen. Neben mir hat ein Leidensgenosse Platz genommen. Seine Gesichtsfarbe: eine interessante Mischung aus Gelb und Neongrün. Genau wie er hänge ich schlapp im Sitz, bis die letzte Parabel vorbei ist und wir zur Landung ansetzen. **Geschafft.**

Beim Verlassen des Flugzeugs tapse ich ein bisschen wackelig die Treppe runter, schmeiß mich auf den Boden und rufe etwas überdreht:
„Mutter Erde, du hast mich wieder!"

Okay, ich gebe zu, bisschen theatralisch.

Ich war tatsächlich schwerelos. Das Glücksgefühl ist zurück! Und das mit den vier Kotztüten, das behalte ich mal schön für mich.

||||

Antworten

Was genau ist Schwerelosigkeit?
Es gibt eine mächtige Kraft, die alles auf der Erde Richtung Erdmittelpunkt zieht: die Schwerkraft. Wenn ein Körper im freien Fall die Schwerkraft nicht mehr spürt, weil die Gegenkraft fehlt, dann ist er schwerelos.

Wie fühlt sich Schwerelosigkeit an und was macht sie mit mir?
Das erste Mal Schwerelosigkeit hat sich bei mir angefühlt wie ein verrücktes Schmetterlingskribbeln im ganzen Körper. Aber dann kam die Übelkeit, weil ich mich im Gefühlsrausch nicht an die Regeln gehalten habe.

Mein Krass-das-vergesse-ich-nie-Moment:
Als ich die Wissenschaftlerinnen und Wissenschaftler bei der Arbeit beobachtete und plötzlich dachte: „Durch eure Forschung wird die Menschheit immer schlauer – GENIAL!"

Im Gegensatz zu mir erleben Astronauten die Schwerelosigkeit über einen langen Zeitraum hinweg und müssen damit – und mit jeder Menge anderer Herausforderungen – klarkommen. Das gehört zu ihrem Job dazu. Und diesen Job schaue ich mir als Nächstes genauer an.

Astronauten
und ihre
Fähigkeiten
oder
Im Schleuderprogramm der AstroWaschmaschine

Um zu erfahren, was Astronauten aushalten müssen, lasse ich mich von einer Zentrifuge rumschleudern und steige in ein Kleinflugzeug, das Loopings fliegen kann.

Zweite Mission

Das ist doch verrückt: Seit mehreren Millionen Jahren spaziert der Mensch aufrecht über unseren Planeten. Doch erst seit kurzem gelingt es einigen, ihn zu verlassen und sich im Weltall umzuschauen. Ein Wendepunkt in der Menschheitsgeschichte – schließlich verlassen wir dabei den Ort, an dem wir entstanden sind.

1961 war der Russe Juri Gagarin als erster Mensch im All.

Inzwischen sind etwa 550 Menschen dort gewesen.

Astronautinnen und Astronauten trainieren hart und lange, um ins All zu fliegen und andere Welten zu erforschen. Sie sind mutige, neugierige Entdecker und nehmen so einiges auf sich.

Das sind diesmal meine Reporter-Fragen:

Meine Faktenfragen:
1. Wie wird man Astronautin oder Astronaut?
2. Was müssen Astronauten aushalten, wenn sie mit einer Rakete die Erde verlassen oder zu ihr zurückkehren?

Meine ganz persönliche Forscherfrage:
Wie fühlen sich die Kräfte an, die in der Rakete auf Astronauten wirken?

SPOILER-ALARM!
In diesem Kapitel steht, was passiert, wenn das **Blut aus meinem Gehirn** verschwindet.

> Mein Bericht aus der Langarmzentrifuge

„Es kann passieren, dass dein Kopf nicht mehr richtig durchblutet wird, weil dein Herz es nicht schafft, das Blut gegen die enormen Kräfte in den Kopf zu pumpen. Wenn du dich unwohl fühlst, brechen wir sofort ab!"

Ich weiß ja, dass es hier um einen extremen Selbstversuch geht. Aber meine Vorfreude auf ein blutleeres Gehirn hält sich dann doch in Grenzen. Na ja, alles im Dienste der Wissenschaft, Astronauten müssen das schließlich auch aushalten. Und beim Team des Deutschen Zentrums für Luft- und Raumfahrt hier in Köln bin ich in guten Händen. Hoffe ich.

In **Teil 1 meines Selbstversuchs** möchte ich die Kräfte spüren, die auf Astronauten wirken, wenn sie in einer Rakete ins All donnern. Dass Kräfte im Spiel sind, wenn ein Körper beschleunigt wird, kenne ich aus der Achterbahn: Wenn die lossaust, werde ich nach hinten in den Sitz gepresst.

Gut, das ist natürlich nichts gegen einen Raketenstart – da ist dann viel mehr Rumms in der Hütte.

Das hat mein alter Chemielehrer immer gesagt.

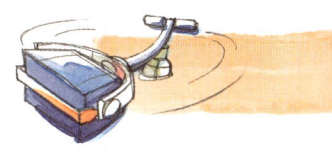

Und exakt diesen Rumms soll ich jetzt in dieser Höllenmaschine hier erleben. Darf ich vorstellen:

Die Langarmzentrifuge.

Sie ist so etwas wie ein Extrem-Karussell mit einem fünf Meter langen Arm und einer geschlossenen, fensterlosen Kabine am Ende, in der ich jetzt Platz genommen habe.

Klick. Klack.
Das Gurtsystem wird festgezurrt und die kleine Tür geschlossen. Per Livestream bin ich mit den Leuten im Kontrollraum verbunden und kann das Experiment jederzeit abbrechen. Ich höre ein tiefes Brummen, schließe kurz die Augen und halte die Luft an.

Es geht los, die Zentrifuge dreht sich.
Mir kommt nur ein panisches **„Oioioioi"** über die Lippen, denn mein Gehirn, meine Augen und alles andere da oben fühlen sich plötzlich an wie eine T-Shirt-Ladung im Schleudergang der Waschmaschine.

Die Kräfte beginnen zu wirken, und über die habe ich mich vorher schlau gemacht.

(Mein Bericht geht gleich weiter, nur schnell ein paar Fakten zwischendurch.) »

HOHE G-KRÄFTE SIND FÜR UNSEREN KÖRPER EINE HERAUSFORDERUNG

Die Kräfte, die wir bei einer Beschleunigung wie in der Achterbahn, der Zentrifuge oder beim Raketenstart spüren, nennen Physiker G-Kräfte.

Und folgender Satz bringt es auf den Punkt.

> **G-Kräfte sind Belastungen auf einen Körper, die entstehen, wenn sich die Größe und/oder Richtung seiner Geschwindigkeit stark ändert, also der Körper beschleunigt oder abgebremst wird.**

Okay, nach dreimaligem Durchlesen hab ich das in der Birne. Typische Physiker-Formulierung.

ÜBER G-KRÄFTE • FAKTEN ÜBER G-KRÄFTE • FAKTEN ÜBER G-KRÄFTE

Dabei ist eine Sache noch wichtig: Wissenschaftler haben festgelegt, dass hier auf der Erde auf uns Menschen eine G-Kraft von 1 g wirkt. Ein Grundwert, der immer da ist. Also Otto-Normal-Zustand, zum Beispiel wenn wir einfach nur in der Gegend rumstehen und in der Nase bohren oder auf der Wiese genüsslich an einem Stöckchen knabbern.

Wenn höhere G-Kräfte auf uns wirken, merken wir das, denn wir werden in diesem Moment – Achtung: SCHWERER! Mir hilft hier mal wieder ein Beispiel mit der Waage:

Klingt unglaublich!

Man stelle sich vor, ein Astronaut sitzt kurz vor dem Raketenstart auf einer Waage. Es wirken die normalen 1 g und er wiegt mit dem schweren Raumanzug etwa 170 Kilogramm.

Astronaut mit Normalgewicht

Beim Raketenstart wirken auf den Astronauten durch den Schub der Rakete höhere G-Kräfte und darum wird er immer stärker in den Sitz und auf die Waage gepresst. Bei 2 g zeigt die Waage das Doppelte, also 340 Kilogramm an! Und bei 3 g das Dreifache, also 510 Kilogramm.

Wenn G-Kräfte wirken, erhöht sich also das Gewicht des Astronauten innerhalb kürzester Zeit. Der Körper ist das nicht gewöhnt, es ist daher eine extreme Belastung für ihn.

Astronaut mit vierfachem Gewicht

Merke:
1 g = Normalzustand
2 g = doppeltes Gewicht
3 g = dreifaches Gewicht
usw.

WOW!-WISSEN

G-KRÄFTE

Beim Schaukeln auf dem Spielplatz können durch die kurze Beschleunigung auch schon G-Kräfte von 2 bis 2,5 g auf uns wirken.

Ich finde, das merkt man immer als Kribbeln in der Magengrube!

Beim Start ins All geht's hoch auf ungefähr 4 g, und das dann etwa acht Minuten lang!

Bei der Rückkehr zur Erde müssen die Astronauten sogar 6 bis 8 g aushalten.

SCHAUKELN 2 - 2,5 g
START INS ALL 4 g
RÜCKKEHR ZUR ERDE 6 - 8 g

(Zurück in die Zentrifuge)

Mein Bericht aus der Langarmzentrifuge

Der lange Arm der Zentrifuge dreht sich schneller und schneller. Ich sitze in der Kabine und merke, wie die G-Kräfte dabei immer stärker auf mich wirken.

Nach nur etwa 15 Sekunden erlebe ich schon 2 g, mein Gewicht hat sich also verdoppelt. Mann, geht das schnell. Und bevor ich mir überlegen kann, wie ich das eigentlich finde, sind wir schon bei 3 g. Wäre eine Waage unter meinem Hintern, würde die jetzt nicht mehr 75, sondern unglaubliche 225 Kilogramm anzeigen. Wie viel Pizza müsste ich dafür wohl normalerweise essen?

Ich habe das Gefühl, dass meine Innereien gerade begeistert Tango tanzen. <u>Meinen Arm zu heben gelingt mir nur mit enormer Anstrengung</u>. Das Atmen fällt mir schwer. Es ist, als hätte es sich ein kleiner unsichtbarer Elefant auf mir gemütlich gemacht.

Klar, er ist ja jetzt auch drei mal so schwer wie sonst.

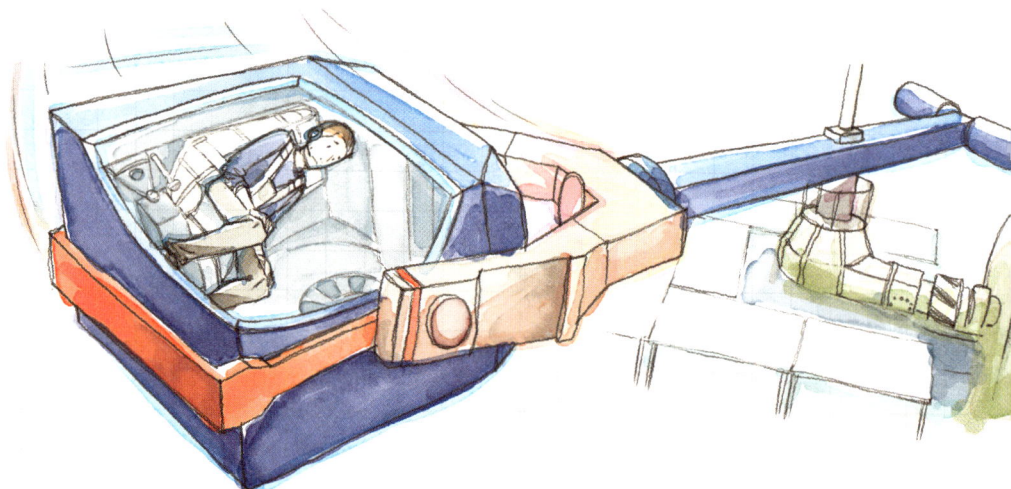

Über den Kopfhörer bekomme ich vom Versuchsleiter die Info, dass mein Herzschlag gerade rasend schneller wird.

Wenn ich mir vorstelle, ich müsste jetzt eine Rakete steuern? **No way!** Und dabei bin ich noch gar nicht bei den 4 g angekommen, die beim Raketenstart herrschen. Nach etwa einer Minute wird mir so langsam schwarz vor Augen. Die G-Kräfte sorgen jetzt dafür, dass das Blut nicht mehr optimal in meinem Kopf ankommt. Ich spüre, ich bin kurz davor, das Bewusstsein zu verlieren. Mein Körper kribbelt, als wäre ich eine Ameisen-Autobahn im Berufsverkehr. Ich rufe:

Kein Wunder: totaler Ganzkörper-Ausnahmezustand !!!

„Abbruch! Ich kann nicht mehr!"
Ohnmacht abgewendet – gerade noch so.

Die Zentrifuge hält an und das Blut kehrt sofort zurück in meinen Kopf. Für einen kurzen Moment ist mir schwindelig, aber dann habe ich es überstanden.

Hiermit ist es offiziell: **Hohe G-Kräfte als Dauerbelastung – nichts für mich.** Bereit für einen Flug ins All wäre ich also nicht, ich musste ja schon bei 3 g abbrechen.

Aber so schnell gebe ich nicht auf.

Ab ins Looping-Flugzeug! »

Mein Bericht aus dem Looping-Flugzeug

In **Teil 2 meines Selbstversuchs** will ich rausfinden, ob ich höhere G-Kräfte wenigstens für einen ganz kurzen Moment aushalten könnte. Denn ich muss einfach wissen, wie sie sich anfühlen!

Dafür bin ich mit einem Kunstflug-Piloten verabredet und steige in sein doppelsitziges Motorflugzeug.

Mit dieser kleinen Maschine fliegt er die wahnsinnigsten Flugmanöver und Figuren und muss dabei zwischendurch hohe G-Kräfte aushalten. Hier bin ich also genau richtig!

Der Propeller beginnt sich zu drehen und die Kuppel über uns wird geschlossen. Wir heben ab.

Zur Erinnerung:
Raketenstart: etwa 4 g.
Rückflug zur Erde: 6 g.
Im Extremfall: etwa 8 g.

Die Maschine ist bis 8 g ausgelegt! Schaffe ich es, an dieses Limit zu gehen, das selbst Astronauten nur in Ausnahmesituationen ertragen müssen?

Und Belastbarkeit ist ja nicht die einzige Voraussetzung für diesen Job.

DIE ASTRONAUTENAUSBILDUNG

Das sind die Voraussetzungen für eine Ausbildung zum Astronauten bei der ESA:

Bei der ESA (= European Space Agency; auf Deutsch: Europäische Weltraumorganisation) werden alle europäischen Astronauten ausgebildet.

- **Alter** 27 bis 37 Jahre
- **Größe** 153 bis 190 cm
- **Hochschul- oder Universitätsabschluss** mit sehr guten Leistungen in einem dieser Bereiche: Physik, Biologie, Chemie, Mathe, Medizin, einer Ingenieurswissenschaft oder Luft- und Raumfahrttechnik
- **Mindestens 3 Jahre Berufserfahrung** oder Flugerfahrung als Pilotin oder Pilot
- **Fließend Englisch sprechen**
- **Körperlich und geistig** topfit, gesund und sehr belastbar

Außerdem muss man unter Stress cool bleiben, geschickt und sportlich sein, sich super konzentrieren und gut in Teams arbeiten können.

Bei einem knallharten Auswahlverfahren müssen die Bewerberinnen und Bewerber intensive Gesundheitsprüfungen und knifflige Tests bestehen.

Alleine diese Phase dauert etwa ein Jahr.

Wer danach schließlich ausgewählt wird, beginnt mit der rund dreijährigen Ausbildung, die auf den Raketenflug und den Aufenthalt im All vorbereitet. Auf dem Lehrplan stehen dann, wie man ein Raumschiff fliegt, Fitness- und Überlebenstraining, Medizinkurse, Notfallübungen und am Ende die konkrete Missionsvorbereitung.

Danach müssen Astronauten ständig dazulernen und sich körperlich auf einem hohen Level fit halten. **Astronaut ist man also jahrelang rund um die Uhr**.

Für viele ist das ein Traumjob – ABER: Man kann sich bei der ESA nur dafür bewerben, wenn sie dazu aufruft. Und das ist zuletzt über zehn Jahre lang nicht passiert. Ist es dann endlich mal so weit, bewerben sich Tausende, aber nur etwa sechs bis zehn von ihnen werden zur Astronautenausbildung angenommen.

Glück gehört also auf jeden Fall auch dazu.

WOW!-WISSEN

UNTERWASSERTRAINING

Eine sehr wichtige Ausbildungseinheit für Astronauten findet unter Wasser statt! Denn dort herrschen ähnliche Bedingungen wie in der Schwerelosigkeit.

Dafür wurde extra ein Teil der ISS nachgebaut und in einem riesigen Schwimmbecken versenkt. In ihren mehrstündigen Tauchgängen stecken die Anwärter in echten Raumanzügen, trainieren Außeneinsätze sowie Rettungsaktionen und müssen beweisen, dass sie auch stressige Situationen meistern können.

Mein Bericht aus dem Looping-Flugzeug

Der Pilot und ich sind mittlerweile mit dem Kunstflieger auf 400 Metern Flughöhe angekommen und der Looping beginnt. Fast am Ende, im unteren Bereich des Loopings, herrschen jetzt für ein paar Sekündchen **3,5 g.** Krass, jetzt schon mehr als vorhin in der Zentrifuge! Volles Achterbahn-Gefühl! Kribbelig-explosiv-supertoll! Für diesen kurzen Moment halte ich das gut aus – und will sogar mehr davon!

Der Pilot fragt:

„Bist du bereit für 6 g?"

Ich zögere keine Sekunde und rufe überdreht

„JAA!".

Jetzt kommt also die Kraft auf mich zu, die Astronauten beim Wiedereintritt in die Atmosphäre spüren.

So ein bisschen wie bei einem riesengroßen Eisbecher.
Ganz tief drinnen weiß man:
Wenn ich das alles aufesse, wird mir schlecht.
Trotzdem futtert man fröhlich weiter.

Wir gehen in den Sturzflug, und die 6 g donnern auf mich drauf. Ich kann den Mund nicht mehr richtig schließen und ein langer Spuckefaden wabbelt durch die Kabine. Iiiihhhh!! Ich denke: **„Irgendwie supercool, aber irgendwie auch Gift für meinen Körper."**

Zum Glück sind es nur wenige Sekunden.

Geschafft – aber jetzt will ich es einfach wissen.

Ich gebe das GO für die

Der Pilot fliegt verschiedene Figuren, um ans absolute Limit zu gehen. Und dann ist es soweit, hier sind sie, die sagenhaften 8 g, die maximal auf Astronauten beim Wiedereintritt in die Atmosphäre wirken können. Wie sie sich anfühlen?

Mein Bericht aus dem Looping-Flugzeug

8 g !!!

Ich denke, das Foto der etwas krisseligen On-Board-Kamera sagt mehr als tausend Worte.

Ich wiege jetzt unfassbare 600 Kilogramm! Die gesamte Haut in meinem Gesicht wird nach unten gezogen, ich verliere kurz die Orientierung und mein ganzer Körper sagt mir sehr deutlich: **Schluss! Jetzt!** Der Pilot bringt die Maschine auf den Boden zurück. Mein Resümee: Es war

hammertollschrecklichunvergesslichanstrengendmegafies.

Für mich steht fest: Was Astronautinnen und Astronauten aushalten müssen, ist absolut beeindruckend! Und: Die Eroberung des Weltraums überlasse ich großzügig anderen – das ist wohl eher nicht so mein Ding.

Antworten

Wie wird man Astronaut?
Man kann sich nur bewerben, wenn dazu aufgefordert wird. Die Ausbildung dauert etwa drei Jahre, und auch danach bilden Astronauten sich ständig weiter. Sie brauchen sehr viel Wissen und Geschicklichkeit, mentale Stärke, körperliche Fitness und sie müssen völlig gesund sein.

Welche Belastungen müssen Astronautinnen und Astronauten aushalten?
Beim Start ins All wirken um die 4 g auf die Astronauten, bei der Rückkehr normalerweise etwa 6 g, es können aber auch 8 g sein.

Kann ich die Kräfte aushalten, die in der Rakete auf Astronauten wirken?
Über einen längeren Zeitraum kann ich das nicht, aber für ein paar Sekunden machen sie Spaß!

Mein Krass-das-vergesse-ich-nie-Moment:
Als ich in der Langarmzentrifuge kurz davor war, bewusstlos zu werden. Ein fieses Gefühl, und ich konnte nichts dagegen tun.

Menschen, die ins All fliegen, müssen also superspeziell trainiert sein, und sie widmen sich jahrelang voll und ganz dieser Aufgabe. Aber wie funktioniert es eigentlich, einen Menschen ins All zu befördern? Darum geht's jetzt.

Raketentechnik
oder
Mein Einparken im Weltall

Sie wird auch **ISS** genannt, das steht für den englischen Namen „International Space Station"

Bei dieser Wissensmission darf ich einen Raumkapsel-Simulator bedienen. Mit ihm trainieren Astronauten, wie man zur Internationalen Raumstation fliegt.

Dritte Mission

Auf die Frage, wie ein Mensch ins Weltall kommt, ist die Antwort klar wie die berühmte Kloßbrühe: mit einer Rakete. Wie auch sonst? Eine Mega-Leiter oder einen Express-Fahrstuhl dorthin gibt's ja schließlich nicht. Man braucht also ein fliegendes Transportsystem.

Das klingt so selbstverständlich, aber wie krass ist das bitte?! Wir Menschen haben es geschafft, eine Technik zu entwickeln, die uns Richtung Sterne schießt! Und zwar so, dass wir da oben – nicht ganz unwichtig – sogar heile ankommen. Einfach nur unglaublich!

Dazu will ich Folgendes rausfinden:

Meine Faktenfrage:
Wie funktioniert die Technik, die Menschen ins All befördert?

Meine ganz persönliche Forscherfrage:
Komme ich als Nicht-Astronaut mit der Raumfahrttechnik irgendwie klar?

SPOILER-ALARM!
Dieses Kapitel liefert das ultimative Argument, warum es total nützlich werden kann, ein *geübter Spielekonsolen-Zocker* zu sein.

Mein Bericht aus dem Sojus-Simulator

Da sitze ich gleich drin.

Jetzt bleibt mir echt die Spucke weg, wie cool, dass ich hier sein darf! In dieser riesigen Halle, bereiten sich Astronauten auf ihre Missionen ins All vor. Direkt vor mir stehen Nachbildungen von Teilen der Internationalen Raumstation ISS, wie zum Beispiel das Columbus-Labormodul. Für einen klitzekleinen Moment stelle ich mir vor, ich sei Astronaut und würde gerade zur Arbeit gehen – und mein Herz macht einen Freudenhüpfer.

Module sind „Funktionseinheiten". Die ISS hat Fracht-, Wohn- oder eben Labormodule, in denen man sich aufhalten kann.

Ich bin in Köln im Ausbildungszentrum der Europäischen Weltraumorganisation ESA und darf gleich in einen Raumkapsel-Simulator steigen. Darin trainieren die zukünftigen Astronautinnen und Astronauten zum Beispiel, wie man an die ISS andockt – und genau das werde ich auch gleich versuchen.

Denn ich möchte wissen wie es ist, mit der Technik umzugehen, mit der Menschen ins Weltall fliegen. Ist sie so glänzend und edel wie in vielen Science-Ficiton Filmen?

Ein Astronauten-Ausbilder empfängt mich und teilt mir meine Aufgabe mit: Auf einem der Bildschirme im Simulator erscheint gleich genau das, was bei einem echten Andockmanöver im Weltall irgendwann zu sehen wäre – die ISS in nur noch 75 Metern Entfernung. Ich soll dann langsam an sie heranfliegen und schließlich andocken. *Klar fliege ich nicht wirklich, der Simulator gibt mir aber das Gefühl, als ob.* Vor mir sind jede Menge Anzeigen, Knöpfe und Hebel und der Ausbilder erklärt mir, wann ich was davon drücken und benutzen soll.

Aber Moment mal! Ich traue meinen Augen nicht – die Beschriftungen sind fast alle auf RUSSISCH!!! Stimmt ja! Ich sitze im Simulator einer Sojus-Kapsel, und das ist ein von Russland entwickeltes Raumfahrt-Transportsystem.

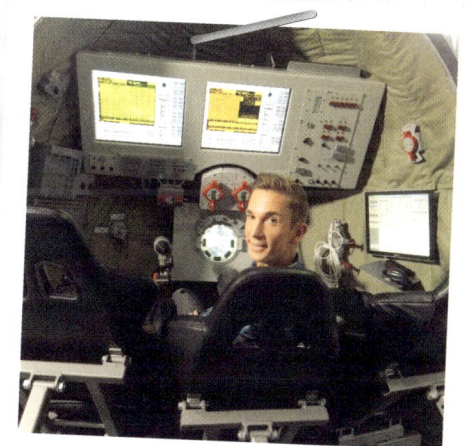

In der Raumfahrt arbeiten Länder wie Russland, USA, Frankreich oder Deutschland nämlich zusammen und unterstützen sich gegenseitig. Ziemlich cool, nur für mich erhöht das natürlich die Herausforderung.

Mein Bericht aus dem Sojus-Simulator

Der Ausbilder gibt mir letzte Tipps:

„Du musst verschiedene Steuerelemente gleichzeitig bedienen und darfst dabei niemals den runden Monitor aus den Augen lassen. Er zeigt die ISS, also dein Ziel. Wenn du gerne Konsolenspiele zockst, hast du jetzt einen Vorteil, dann bist du geübt in der Hand-Augen-Koordination am Bildschirm."

Ha! Da haben sich die Stunden vor dem Monitor mit dem Controller in der Hand ja wohl doch gelohnt! Der Simulator wird geschlossen. Die Monitore und Knöpfe sind jetzt die einzigen Lichtquellen, sonst ist es dunkel. Um mich herum wird es ganz still und die Simulation startet: Ich befinde mich auf der Umlaufbahn der Erde, in 400 Kilometern Höhe, Ziel ISS ...

Damit Astronauten unsere Atmosphäre überhaupt verlassen und es bis da oben hin schaffen können, musste jede Menge ausgefeilte Technik entwickelt werden. Ich habe da mal ein paar Fakten zusammengetragen.

Die Atmosphäre ist die Lufthülle, die unsere Erde umgibt.

Sie ist etwa 100 km dick und lebenswichtig für uns Menschen.

SO FUNKTIONIEREN WELTRAUMRAKETEN

Über die habe ich mir alles Wichtige auf Seite 24 notiert.

Das Hauptproblem für einen Flug ins All ist die Erdanziehungskraft. Denn die muss überwunden werden. Und weil Raketen sehr schwer sind, braucht man dafür eine wahnsinnig große Kraft. Diese Kraft erzeugen die Raketentriebwerke, und im Grunde funktionieren sie wie ein Luftballon, den man aufbläst und loslässt. Dann saust die Luft hinten raus und dadurch bewegt sich der Ballon in die entgegengesetzte Richtung, also nach vorne.

Man sagt dazu auch **Rückstoßprinzip**. Und die Kraft, die den Ballon dabei in Bewegung versetzt, nennt man **Schubkraft**.

Bei einer Weltraumrakete ist es ähnlich: In den Triebwerken wird Treibstoff verbrannt, dabei werden Gase mit enormer Kraft hinten ausgestoßen und es wird so ein Rückstoß erzeugt, durch den die Rakete ins Weltall „gestoßen" beziehungsweise „geschoben" wird.

Je nach Aufgabe gibt es verschiedene Raketensysteme. Die **Ariane-Rakete**, entwickelt in Europa, befördert zum Beispiel hauptsächlich Satelliten in die Erdumlaufbahn.

Das **Sojus-System** aus Russland bringt auch Astronauten in den Weltraum.

Dieses System darf ich im Simulator ausprobieren.

• FAKTEN ÜBER **RAKETEN** • FAKTEN ÜBER **RAKETEN** • FAKTEN ÜBER R.

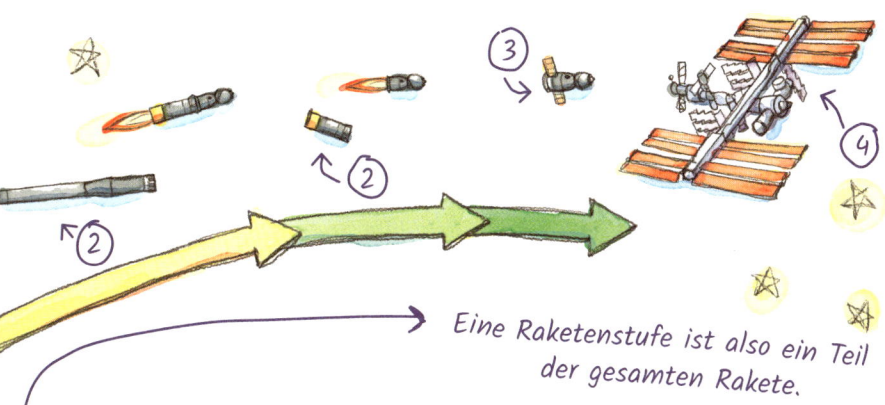

Eine Raketenstufe ist also ein Teil der gesamten Rakete.

Und so läuft das Ganze ab:

① Die Rakete besteht aus mehreren sogenannten Raketenstufen mit jeweils eigenem Tank und Raketentriebwerk.

Auf dem Weg zu ihrem Ziel, zum Beispiel der Raumstation, fallen die verbrauchten Stufen ② nach und nach ab. ↳ Meist fallen sie ins Meer oder verglühen in der Atmosphäre.

So wird die Trägerrakete immer kleiner und leichter und die jeweils nächste Stufe braucht weniger Treibstoff.

Ziemlich clever!

Am Ende ist nur noch das übrig, was im Weltraum landen soll, also beispielsweise die ③ Sojus-Kapsel. Sie dockt dann an der ④ Raumstation an und bleibt dort, bis die Astronauten mit ihr wieder zur Erde zurückkehren.

WOW!-WISSEN

RAKETEN

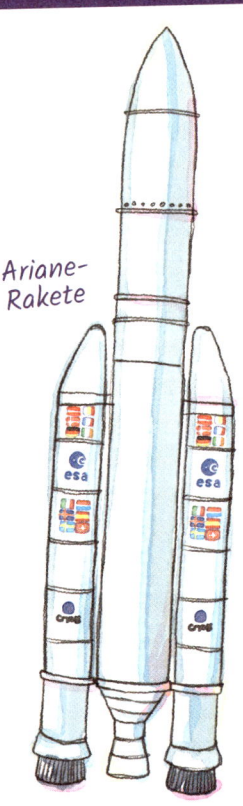

Ariane-Rakete

Eine moderne Ariane-Rakete hat ein Start-Gewicht von etwa 780 Tonnen (das entspricht ungefähr dem Gewicht von 1500 Kühen)!

Ungefähr 670 Tonnen davon sind Treibstoff, das sind dreizehntausend Autotankfüllungen oder etwa 1250 Kühe.

Erst ab einer Geschwindigkeit von 28.000 km/h kann die Rakete in eine stabile Erdumlaufbahn eintreten.

Wird einem ja ganz schwummerig bei dieser Mega-Power!

START-GEWICHT 780 Tonnen
TREIBSTOFF 670 Tonnen
ERSTER START 24.12.1979

>> 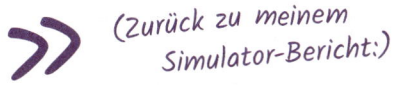 *(Zurück zu meinem Simulator-Bericht:)*

Hier im Simulator der Sojus-Kapsel versuche ich gerade, mit der Raumfahrttechnik klarzukommen. Ganz schön kompliziert, aber zum Glück bin ich über das Kommunikationssystem mit dem Ausbilder verbunden. Er überwacht meine Übung im Kontrollraum am Monitor. Auf dem kleinen runden Bildschirm vor mir sehe ich die ISS, auf die ich gerade zufliege.

Und in diesem Moment überschwemmt mich ein Gefühl, als kreiste ich gerade wirklich im Orbit um die Erde. Um mich herum Milliarden Sterne und Planeten, über mir die unvorstellbaren Weiten des Universums. Ich fühle mich ganz klein. Es ist fantastisch, magisch und beschert mir eine ordentliche Gänsehaut.

Orbit ist einfach ein anderes Wort für Umlaufbahn.

Mein Bericht aus dem Sojus-Simulator

Die Stimme des Ausbilders reißt mich zurück in die Realität:

„Achte auf die Geschwindigkeit, du bist zu schnell. Steuere das weiße Kreuz an, es muss exakt in der Mitte sein. Und mehr bremsen, Eric! Bremsen!"

Die Steuerung reagiert leicht zeitverzögert, so wie es im Weltraum auch wäre. Das weiße Kreuz auf dem Monitor kommt langsam näher. Es ist die Endphase des Andockmanövers. Zu schnell oder an einer falschen Stelle an die ISS heranzufliegen – bei einem echten Weltraumflug könnte das katastrophale Folgen haben.

Ich denke: **„Läuft doch ganz gut, Sojus-Kapsel unter Kontrolle!"**

Aber wirklich im Griff habe ich hier gar nichts. Ich weiß weder, wofür all die anderen Knöpfe sind, noch könnte ich auf Unvorhergesehenes reagieren.

Geschwindigkeit und weißes Kreuz mittig halten, das kriege ich noch hin – weil es nicht schwieriger ist als bei einem Computerspiel. Aber alles andere wurde ja vorher für mich richtig eingestellt. Ich bin wie ein Weltraumpraktikant, der kurz im Pilotensessel Platz nehmen darf, obwohl er gerade mal zwei Knöpfe kennt. Jetzt mal ehrlich: Die könnte auch Caramelo mit ein bisschen Training drücken.

Eine Ahnung davon, wie mächtig und wichtig diese Technik ist, bekomme ich aber dennoch. Alles ist robust gebaut. Große Knöpfe mit kantigen Metallfassungen. Das Ganze muss schließlich einiges Aushalten und immer funktionieren. Es erinnert mich eher an einen kleinen Maschinenraum als an die hochglänzenden Bedienelemente in Science-Fiction Filmen.

Ich starre verkrampft auf das weiße Kreuz an der ISS und gebe alles, um es exakt zu treffen. Gleich bin ich am Ziel.

Mein Bericht aus dem Sojus-Simulator

Endlich die Ansage:

„Du hast Kontakt, Glückwunsch, willkommen an der ISS!"

Ich hab's geschafft und meine kleine Aufgabe erfüllt. Wäre dies ein echter Weltraumflug, könnte ich nun auf die Raumstation umsteigen.

In der Nachbesprechung erfahre ich, dass ich immer noch viel zu schnell war und der ISS einen fetten Stoß versetzt hätte. Echt? Da wird mir noch mal klar, dass ich zwar sehr konzentriert war, hier aber gar nichts unter Kontrolle hatte.

Doch einen Eindruck von der Technik, den habe ich bekommen. Und ich strahle über beide Ohren, denn jetzt trage ich ein kleines Stück echtes Weltraumgefühl in mir.

So sieht es dann aus, wenn die Kapsel an der Station angedockt hat.

Antworten

Wie funktioniert die Raketentechnik?
Trägerraketen befördern die Astronauten in den Orbit. Um die Erdanziehung zu überwinden, brauchen sie eine enorme Schubkraft. Mit viel Treibstoff steigen sie empor und werfen auf dem Weg immer wieder Raketenstufen mit leeren Treibstofftanks ab.

Komme ich mit der Raumfahrttechnik klar?
Allein kam ich mit der Technik im Sojus-Simulator gar nicht klar. Der Ausbilder musste mir genau sagen, welchen Knopf ich wann drücken soll. Insgesamt wirkte alles sehr robust und stabil und nicht so stylish wie in Science-Fiction-Filmen.

Mein Krass-das-vergesse-ich-nie-Moment:
Als mein Hirn mir kurz das Gefühl gab, ich sei wirklich auf der Umlaufbahn der Erde. Schaurigschöner Gedanke! Voll das Kopfkino.

Raumfahrttechnik schafft es also, Astronauten ins Weltall zu befördern. An einen Ort voller Fragen: Was hat die Milchstraße mit Milch zu tun? Worin unterscheiden sich Sterne von Planeten? Und wo befindet sich unsere Erde eigentlich genau? Zeit für den ersten Teil meines Weltraum-Crashkurses.

DAS SONNENSYSTEM

Unsere Heimatadresse im Universum ist die Erde. Hier hat sich vor vermutlich 3,8 Milliarden Jahren das erste Leben entwickelt. Und sie hat ein paar ganz coole galaktische Nachbarn.

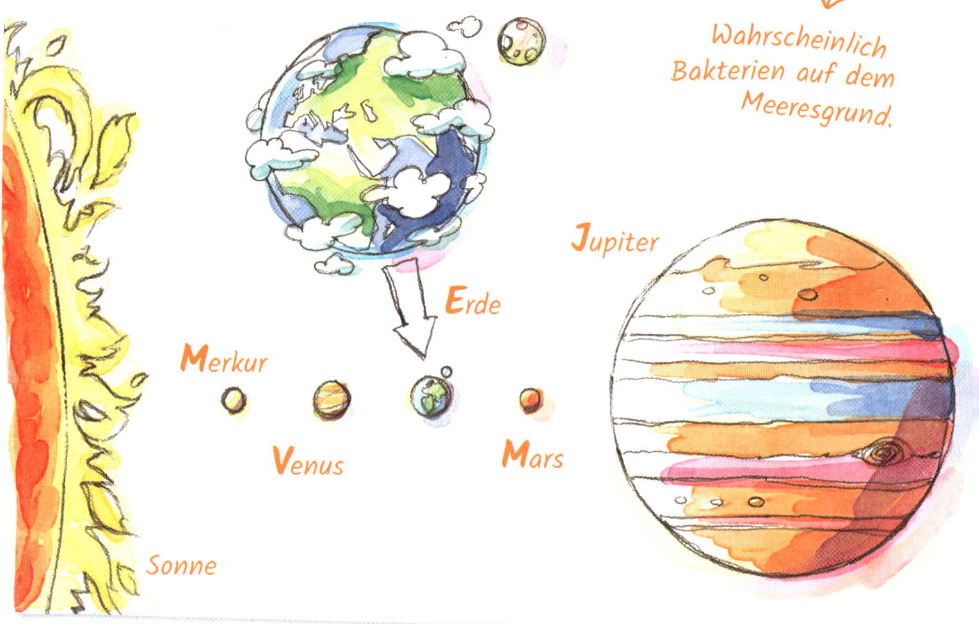

Ich habe sie hier in etwa im korrekten Größenverhältnis und in der richtigen Reihenfolge gezeichnet. Diese ==acht Planeten== und die Sonne sind unser ==Sonnensystem==.

Es gibt übrigens einen super Merksatz, um sich die Reihenfolge der Planeten zu merken:

==Mein Vater erklärt mir jeden Samstag unseren Nachthimmel==.

Die Anfangsbuchstaben der Wörter stehen für die Anfangsbuchstaben des jeweiligen Planeten.

> Ich finde meinen Merksatz besser:
> <u>M</u>enschen <u>v</u>erdienen <u>e</u>cht <u>m</u>anchmal <u>j</u>eden <u>S</u>chlecker ums <u>N</u>äschen.

Saturn

Uranus

Neptun

Die Planeten werden von der Anziehungskraft der Sonne auf verschiedenen Umlaufbahnen um sie gehalten. Merkur, Venus, Erde und Mars - also die vier inneren Planeten - bestehen ==aus Gestein,== während die vier äußeren ==Gasplaneten== sind. Diese bestehen zum größten Teil aus Gasen und haben keine feste Oberfläche. Wir könnten also zum Beispiel nicht über den Jupiter spazieren.

Zusätzlich gibt's noch ein paar Monde, Gaswolken und kleinere Himmelskörper, sogenannte ==Asteroiden==. Das alles zählt auch zum Sonnensystem.

Neptun

Uranus

Mars

Jupiter

Sie ist **kein Planet,** sondern ein Stern. Mehr dazu auf Seite 78.

Im Mittelpunkt ist die Sonne, alle anderen Himmelskörper kreisen um sie herum: die Erde zum Beispiel mit einem Affenzahn von sage und schreibe 108.000 Kilometern in der Stunde.

GALAXIEN UND DIE MILCHSTRASSE

Unser Sonnensystem steckt mittendrin in einer unvorstellbar großen Ansammlung von Sternen, Planeten, Gasnebeln und so weiter, die alle über bestimmte Anziehungskräfte miteinander in Verbindung stehen. Also eine gewaltige Menge verschiedener Himmelskörper, die aber zusammengehören. Und so etwas nennt man: **Galaxie**. Die Galaxie, in der sich die Erde befindet, heißt **Milchstraße** und sieht aus großer Entfernung betrachtet in etwa so aus:

Unser Sonnensystem ist im Grunde so klein wie ein Mückenschiss im Universum.

Astronomen sagen, es könnten eine bis drei Milliarden Sterne in unserer Milchstraße existieren. Wie viele es tatsächlich sind, weiß aber niemand. Sicher ist: Jeder Stern, den wir am Abendhimmel sehen, gehört zur Milchstraße.

Was für Zahlen!

Man kann die Milchstraße ganz gut mit einer runden Scheibe vergleichen. Und da wir mit der Erde ja da drinstecken in dieser Scheibe, sehen wir aus unserem Blickwinkel am klaren Nachthimmel natürlich nicht die ganze Galaxie. Für uns sieht sie eher aus wie ein Streifen. Warum? Da habe ich einen ganz guten Vergleich.

Foto dazu auf der nächsten Seite

Ob man auf der Milchstraße wohl Gassi gehen kann?

Dabei stelle ich mir die Milchstraße wie eine Frisbeescheibe vor. Wenn ich sie genau auf Augenhöhe halte, sehe ich nur ihren Rand, also eine Art Streifen.

Und da wir Menschen auf der Erde uns ja in der Milchstraße befinden, sehen wir sie aus einer ähnlichen Perspektive.

ERICS WELTRAUM-CRASHKURS • ERICS WELTRAUM-CRASHKURS • ERICS WELT

Die milchig-helle Farbe der Milchstraße kommt übrigens daher, dass das Licht der Milliarden Sterne ineinander übergeht und dadurch wie eine längliche Lichtwolke wirkt. In der Mitte unserer Galaxie befindet sich, so vermutet man, ein Schwarzes Loch.

Was das ist, erkläre ich auf Seite 116.

Und die nächste Info haut mich mal so was von aus der Umlaufbahn: Unsere Milchstraße ist nur EINE von - Achtung! - vermutlich über 100 Milliarden Galaxien im Universum. Und in diesen Galaxien gibt es jeweils auch wieder Milliarden von Sternen und Planeten. Unvorstellbar.

WOW!-WISSEN

GIGANTISCHE GALAXIE

GRÖSSTER PLANET IN UNSEREM SONNENSYSTEM:
Jupiter. Die Erde würde über 1.000-mal in ihn hineinpassen.

ABSTAND ERDE – JUPITER:
Etwa 778 Millionen Kilometer! Ein Flug zum Jupiter würde mit einem normalen Passagierflugzeug etwa 100 Jahre dauern.

DURCHMESSER MILCHSTRASSE:
200.000 Lichtjahre, das sind etwa zweihundert Trillionen Kilometer – eine 2 mit 18 Nullen!

Was ein Lichtjahr ist, erkläre ich auf Seite 114.

MEIN KLEINES HIMMELSKÖRPERLEXIKON

Stern nennt man einen Himmelskörper, der leuchtet. Er ist recht groß und besteht größtenteils aus heißem Gas.

Unsere Sonne ist ein Stern, und nachts am Himmel sehen wir unzählige leuchtende Punkte: Sterne.

Ein **Planet** ist ein kugelähnlicher Himmelskörper, der nicht leuchtet und sich auf der Umlaufbahn eines Sterns befindet.

Die Erde ist zum Beispiel ein Planet. Im Gegensatz zu Sternen kann man Planeten nur am Himmel erkennen, wenn sie angestrahlt werden.

Mond ist die Bezeichnung für einen kleineren Himmelskörper, der nicht um einen Stern, sondern um einen Planeten kreist.

Die Erde hat einen Mond – man sieht ihn oft deutlich am Nachthimmel. Der Saturn hat sage und schreibe 82 Monde!

ERICS WELTRAUM-CRASHKURS • ERICS WELTRAUM-CRASHKURS

Ein **Komet** hat eher wenige Kilometer Durchmesser und ist ein Klumpen meist aus Staub, Eis, gefrorenen Gasen und Gestein. Kommt er auf seiner Flugbahn nah an die Sonne, verdampft ein Teil des Kometen durch die Hitze. Es entstehen Gase, die einen Schweif bilden und den Kometen somit gut sichtbar werden lassen.

Asteroiden hingegen bestehen aus festeren Stoffen und sind eher noch kleiner.

Meteoroid sagt man, wenn so ein Himmelskörper noch kleiner ist, also nur noch ein paar Meter oder Zentimeter.

Fällt der dann Richtung Erde und verglüht beim Eintritt in die Atmosphäre, wird er **Meteor oder Sternschnuppe** genannt.

Wenn er beim Sturz nicht völlig verglüht und ein Rest übrig bleibt, der auf die Erdoberfläche fällt, nennt man ihn **Meteorit**.

Zurück zur Eroberung des Weltalls – und damit zu den Gefahren für uns Menschen im All.

»

Gefährlicher Weltraum
oder
Die Presswurst im Anzug

Da ich rausfinden möchte, wie ein Raumanzug vor den Gefahren im All schützt, ziehe ich so ein Teil an und lasse es mir von einem Astronauten erklären.

Vierte Mission

Der Weltraum ist für uns Menschen vor allem eins: **Tödlich!** Eigentlich totaler Irrsinn, da freiwillig hochzufliegen. Würde mich jemand fragen: „Hey, wir fliegen an einen Ort, an dem man nach wenigen Sekunden tot ist. Kommst du mit?" Was würde ich wohl antworten? „Öhm, nee sorry, keine Zeit, wollte noch kurz weiterleben, aber viel Spaß euch!"

Ob Mensch, Tier oder Pflanze – kein Lebewesen der Erde ist für das All gemacht. Und dennoch haben wir das Unglaubliche geschafft: In dieser lebensfeindlichen Umgebung zu überleben.

Dazu brennt mir Folgendes unter den Nägeln:

Meine Faktenfragen:
1. Warum genau ist der Weltraum ein tödlicher Ort?
2. Wie schützen sich Astronauten?

Meine ganz persönliche Forscherfrage:
Wie ist es, in einem dieser riesigen Raumanzüge zu stecken, die so knubbelig-steif aussehen?

SPOILER-ALARM!
Auf der nächsten Seite steht, warum Astronauten auch mal **Windeln** *tragen müssen.*

Mein Bericht über den Raumanzug

Ich bin wieder beim Deutschen Zentrum für Luft- und Raumfahrt in Köln.

Eigentlich dachte ich ja, heute werde ich ein bisschen zum Weltraum-Superhelden: perfekt ausgerüstet im Raumanzug, bereit, das Universum zu erkunden, und natürlich mit einer gehörigen Portion Coolness obendrauf.

Aber da ist meine Fantasie wohl mit mir durchgegangen. Denn <u>jetzt steht Matthias Maurer vor mir</u>, der nächste deutsche Astronaut im All, und sagt: **„Da hinten ist die Umkleide. Zieh doch schon mal die Windel an."** Windel? Echt jetzt? Hm, also einen Superhelden in Windeln habe ich jedenfalls noch nie gesehen.

Als Matthias meinen Blick sieht, lacht er: „Okay, du wirst ja keine sechs Stunden im Anzug stecken wie Astronauten beim Weltraumspaziergang, du musst sie nicht anziehen." **Puh, zum Glück.**

Dann erklärt er mir, dass Astronauten immer wieder Windeln tragen müssen, weil sie oft stundenlang nicht aufs Klo gehen können. Bei Außeneinsätzen an der Raumstation oder während der Flüge. Ich muss innerlich ein bisschen kichern, obwohl das ja eine total ernste Angelegenheit ist.

Matthias fügt hinzu: „Du wirst gleich die Nachbildung eines Raumanzuges anziehen, an dem ich dir den Aufbau genau erklären kann. Dass es kein echter ist, war dir ja sicher klar, oder? Der kostet schließlich über zehn Millionen Euro und wird jedem Astronauten ganz persönlich angepasst!"

Schluck! Nee, ehrlich gesagt hatte ich keine Ahnung. Aber jetzt bin ich erleichtert – was wäre, wenn ich bei einem echten aus Versehen was kaputt gemacht hätte?

↑
So sieht das Original übrigens im Einsatz aus.

Vor mir liegen die verschiedenen Einzelteile des Anzuges. Ich schlüpfe in die erste Schicht: Eine Art dünner Overall mit unzähligen Schläuchen, durch die Wasser und Luft gepumpt werden können. Mit ihnen wird die Temperatur geregelt – das ist sozusagen die tragbare Klimaanlage für Astronauten. Fühlt sich an wie ein eng anliegender Schlafanzug, ziemlich bequem! Aber ich habe so eine Vermutung, dass sich das bald ändert.

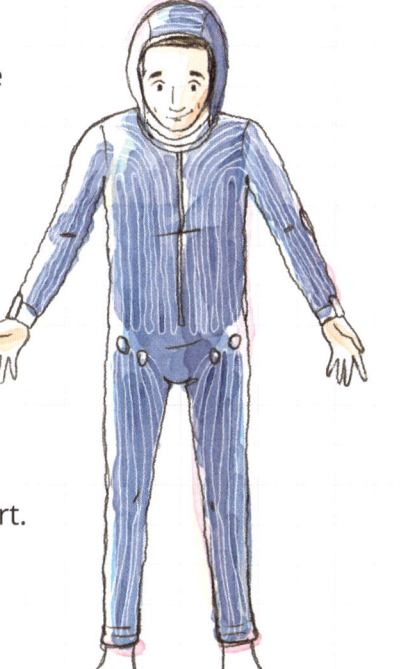

*Mein Bericht
über den Raumanzug*

Mit Matthias' Hilfe quetsche ich mich in die äußere Schicht. Bei echten Raumanzügen besteht sie aus fünf wichtigen Teilen:

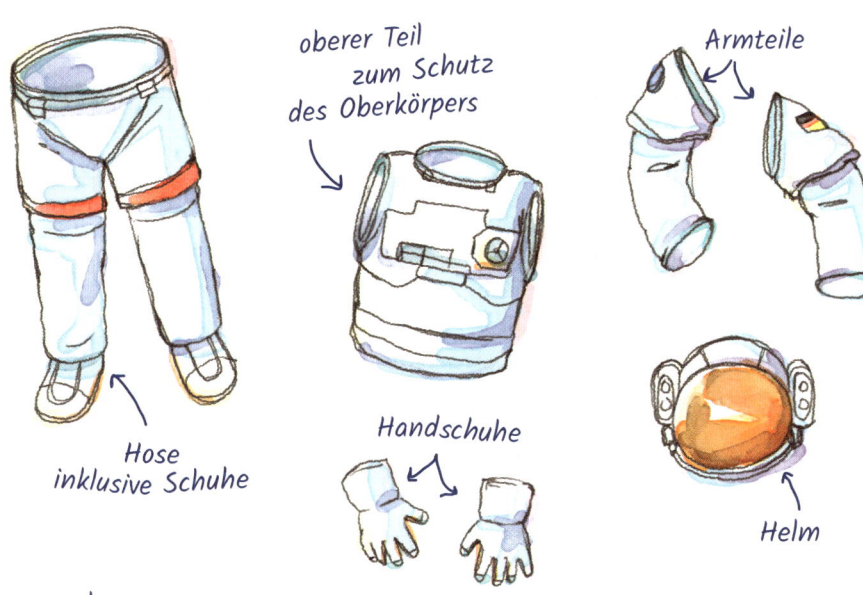

oberer Teil zum Schutz des Oberkörpers

Armteile

Hose inklusive Schuhe

Handschuhe

Helm

Daraus werden zum Beispiel schusssichere Westen hergestellt.

Taucheranzüge bestehen aus Neopren.

Damit der Anzug die extremen Gefahren im Weltraum abhalten kann, werden Hightech-Materialien verarbeitet: Verschiedene Aluminiumschichten wehren Kälte und Hitze ab, das Material Kevlar kann kleine Meteoriteneinschläge abfangen und Neopren kommt zum Einsatz, um den Anzug luftdicht zu verschließen. Alle Schichten sind feuerfest.

Krass, was da für eine Technologie drinsteckt, der Anzug selbst ist fast schon ein kleines Raumschiff, das durch jahrelange Forschung immer weiterentwickelt wurde. Was für ein Wunderwerk!

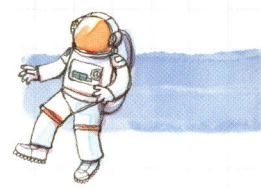

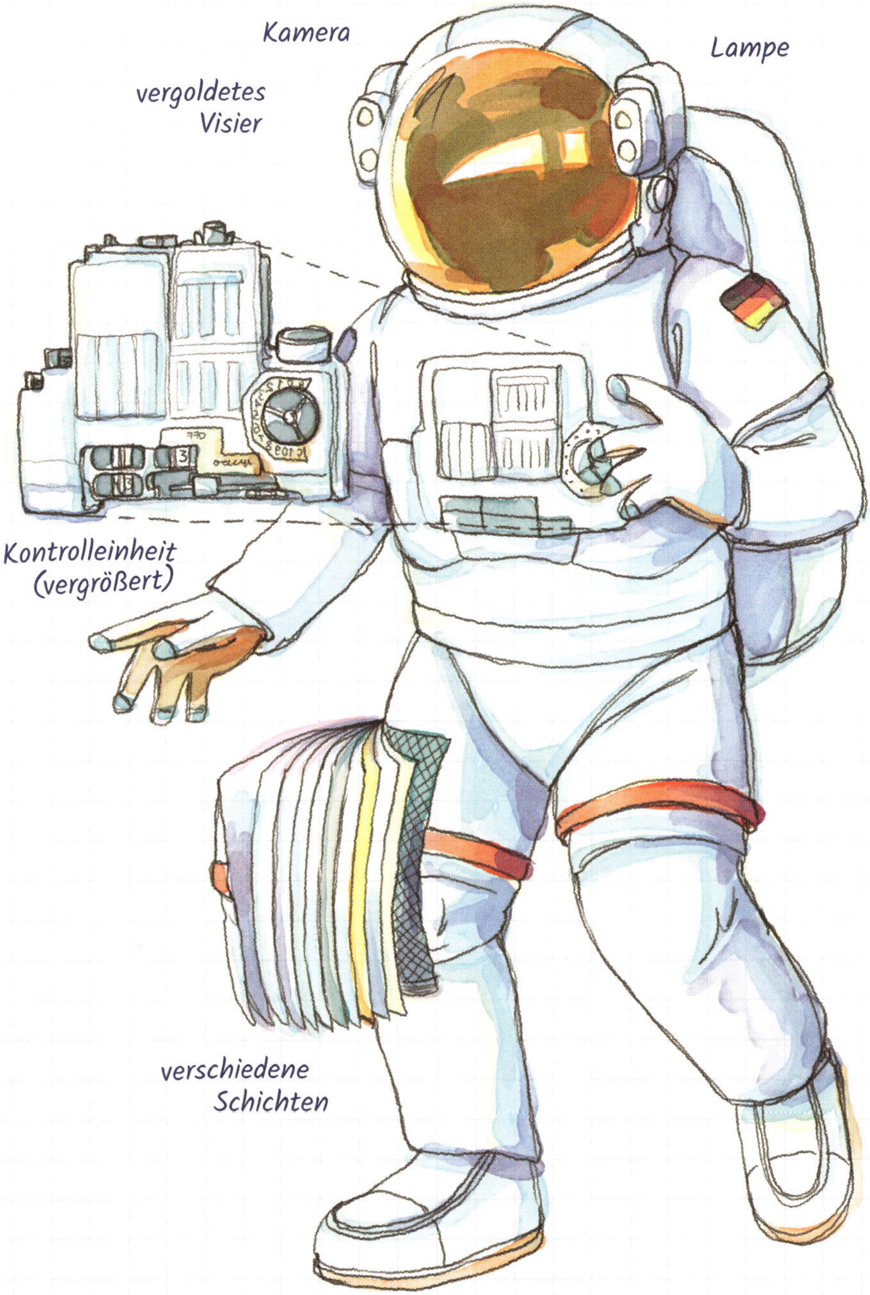
Kamera
Lampe
vergoldetes Visier
Kontrolleinheit (vergrößert)
verschiedene Schichten

Mein Bericht über den Raumanzug

Der Test-Anzug, in dem ich hier stecke, ist dünner als ein echter, und auch nicht so steif und schwer. Aber ich bekomme eine Vorstellung davon, wie beengt sich Astronauten fühlen müssen. Langsam bilden sich erste Schweißperlen auf meiner Stirn. Klar, die Kühlschläuche sind in dieser Nachbildung ja nicht angeschlossen. Ich hechele ein bisschen vor mich hin und muss plötzlich an Caramelo denken: Also, sein Anzug bräuchte definitiv einen eingebauten Wassernapf.

Dann setze ich den Rucksack auf. Astronauten haben darin Sauerstoff, Wasser, die Stromversorgung und eine kleine <u>Antriebseinheit</u> dabei.

So was wie eine Mini-Rakete!

Matthias erklärt: „Sollte ein Astronaut bei einem Außeneinsatz den Halt verlieren und das Sicherungsseil

Vollgestopft mit Technik.

reißt, würde er einfach in die Weiten des Universums davonschweben. Mit der Antriebseinheit könnte er zurück zur Station düsen. Sehr praktisch!"

Was für mich nach totalem Albtraum klingt, ist für Matthias nur eines der vielen Probleme, auf die er sich vor seinem Einsatz ganz sachlich vorbereitet. Astronautenstyle eben.

Anzug und Rucksack werden nun über Kabel und Schläuche zu einer Einheit verbunden. Zusammen wiegt alles bis zu 150 Kilogramm, was in der Schwerelosigkeit des Weltraums aber keine große Rolle spielt.

→ Meine Nachbildung hier ist zum Glück viel leichter.

Dann reicht mir Matthias eine Badekappe. Naja gut, also keine echte Badekappe, aber das Ding – Kommunikationshaube genannt – fühlt sich so an. Darin befinden sich eingebaute Kopfhörer und das Funkgerät. Ein russischer Kosmonaut hat sie mal getragen – sie war also schon im Weltall! Hm … der hat sicher viel geschwitzt bei seinem Einsatz. Ich zögere kurz, da lacht Matthias los: „Keine Angst, die ist gereinigt." Also setze ich das Teil auf – ein Stück Weltraum auf meinem Kopf! Hammer! Fehlt nur noch der Helm.

Russische Raumfahrer werden Kosmonauten genannt, die aus Europa oder den USA Astronauten.

Der Raumanzug schützt Astronauten beim Verlassen der Raumstation – aber wovor eigentliche genau? Wieder mal Zeit für ein paar Fakten.

KOSMISCHE STRAHLUNG UND VAKUUM

Eine todbringende Gefahr im All ist die **kosmische Strahlung**. Das sind kleinste Teilchen, die mit viel Energie aufgeladen sind, sogenannte „hochenergetische Teilchen". Man kann sie nicht sehen, hören, riechen oder schmecken. Sie sind noch kleiner als Atome, aus denen ja alles um uns herum besteht. Und diese Teilchen sausen durchs All.

Zum Glück umgeben die Erde zwei natürliche Schutzschilde dagegen: die Atmosphäre und das Magnetfeld. Bei uns kommt daher nur noch ein sehr kleiner Teil der kosmischen Strahlung an. Im All ist sie viel stärker und kann dadurch krank machen.

Die ISS wird noch ein bisschen durch das Erdmagnetfeld geschützt. Dennoch ist die Strahlung dort höher als bei uns und wird ständig gemessen. Astronauten dürfen nur eine bestimmte Zeit dort bleiben, um nicht krank zu werden.

Und es lauert noch
eine weitere Gefahr
im Weltraum.

Wenn an einem Ort
nichts existiert –
also keine Lebewesen
und Gegenstände, keine
Luft, Moleküle und Atome,
wirklich absolut rein gar nichts, dann spricht
man von einem **Vakuum**. 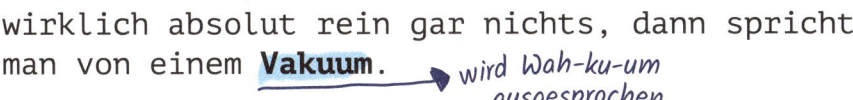 wird Wah-ku-um ausgesprochen

Und im Weltraum herrscht ein fast absolutes
Vakuum. Ein denkbar ungünstiger Ort für uns,
um es mal vornehm auszudrücken.

Denn ein ungeschützter Aufenthalt im Vakuum
ist für Menschen tödlich. Ohne Luft würden
wir innerhalb weniger Augenblicke ersticken.
Außerdem gibt es im All keinen Luftdruck,
der hier auf der Erde überall herrscht: Im
Vergleich zur Umgebung entstünde dadurch im
Körper ein Überdruck, der schnell zu inneren
Verletzungen führen würde.

Auch die **extremen Temperaturen**
im Weltraum sind sehr
lebensfeindlich.
Über 100 Grad Celsius in der
Sonne und -150 Grad Celsius
im Schatten!

WOW!-WISSEN

KOSMISCHE STRAHLUNG

Da Astronauten im All einer höheren kosmischen Strahlung ausgesetzt sind als wir auf der Erde, kann es dort zu einem faszinierenden Phänomen kommen:

Bei geschlossenen Augen sehen sie manchmal Lichtblitze. Diese entstehen durch kosmische Teilchen, die durch ihre Energie diesen Effekt direkt im Auge hervorrufen.

Damit die Astronauten die Gefahren im All überleben können, brauchen sie bei Außeneinsätzen einen Raumanzug. Matthias hilft mir weiter dabei, die Nachbildung anzuziehen.

Über die „Badekappe" stülpt er den Helm und verschraubt ihn mit dem Metallring an meinem Kragen. „Ich habe ja eine größere Nase als du," meint er plötzlich lachend, „und jedes Mal, wenn ich in den Anzug reinkrabbele, schabe ich mir die Nase an diesem Metallring auf. Wenn du die Fotos anguckst, ich habe immer so einen roten Fleck, wenn ich aus dem Anzug komme." Tja, auch das sind Probleme, mit denen ein Astronaut zu kämpfen hat. Meines ist gerade eher, dass ich mich fühle wie ein Würstchen im Schlafrock oder besser gesagt wie eine Presswurst im Anzug. Ganz schön eng alles.

Bisschen so, als würde man im Winter seine Kapuze so weit zuziehen, dass nur noch die Augen rausgucken.

Mir fällt auf, dass <u>mein Sichtfeld sehr eingeschränkt ist.</u> Matthias bestätigt: Bei Außeneinsätzen an der Station hat man eigentlich nur den Bereich im Blick, an dem man gerade arbeitet. Mit einem kleinen Spiegel am Handgelenk kann man aber nachschauen, was hinter einem so abgeht.

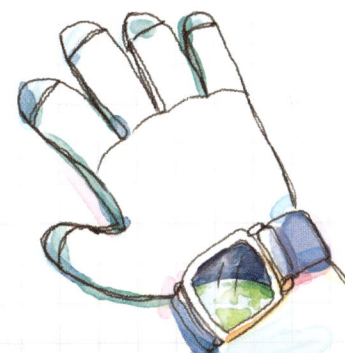

Mein Bericht über den Raumanzug

So, jetzt fehlen nur noch die klobigen Handschuhe, und das Visier wird runtergefahren. Dann ist der Anzug komplett abgeriegelt.

Dank des Raumanzugs herrscht für Astronauten beim Außeneinsatz eine angenehme Temperatur, der Luftdruck stimmt und sie haben Sauerstoff zum Atmen. Das tödliche Weltall ist nur wenige Zentimeter entfernt, aber es kann ihnen nicht schaden.

Allerdings hat der Schutz auch Nachteile: Astronauten sind im Raumanzug unbeweglich und haben ein sehr kleines Sichtfeld. In dem Ding zu arbeiten, muss eine riesen Kraftanstrengung sein, selbst in der Schwerelosigkeit. Und Matthias bestätigt: „Einen Außeneinsatz im All nennt man zwar auch ‚Weltraumspaziergang', doch es ist knochenharte Arbeit!" Aber supercool sieht man in so einem Anzug auf jeden Fall aus! ;-)

Antworten

Warum ist der Aufenthalt im Weltraum so gefährlich?
Das Weltall ist vor allem wegen des Vakuums, der kosmischen Strahlung und der extremen Temperaturen tödlich.

Wie schützen sich Astronauten dagegen?
Sie müssen sich in einem künstlich erzeugten Luftdruck aufhalten und von der Erde immer wieder Luft liefern lassen. Gegen kosmische Strahlung helfen Schutzschichten und gegen extreme Temperaturen Klimasysteme. Das alles bieten die Raumstation und auch der Raumanzug.

Wie ist es in einem Raumanzug?
Viele Schichten, eingeschränkte Sicht, rundum eingepackt sein – das ist ein beklemmendes Gefühl. Mehrere Stunden darin zu stecken und zu arbeiten ist bestimmt hart.

Mein Krass-das-vergesse-ich-nie-Moment:
Als ich die Kommunikationshaube aufsetzen durfte, die schon im All war. Wie cool!

Dass Astronauten sich trotz Strahlung, Vakuum und Kälte im All aufhalten können, ist ja im Grunde schon ein Wunder. Da oben angekommen, stehen sie aber vor den nächsten Herausforderungen ... weiter geht's!

Alltagsprobleme im All

oder
Achtung, Weltraumgeschoss!

Ich widme mich zwei Astronautenproblemen. Dafür steige ich erst in eine Maschine, die die Schwerkraft ins All bringen soll. Und dann schieße ich in einer Simulation mit Weltraumschrott.

Fünfte Mission

Man könnte ja denken, wenn Astronauten sicher auf der Raumstation angekommen sind, beginnt der locker-flockige Teil der Reise. Modernste Technik schützt sie dort schließlich vor dem lebensfeindlichen Weltraum.

Aber: Vor allem ein längerer Aufenthalt im All kann den Astronautinnen und Astronauten große Schwierigkeiten bereiten. Zwei dieser Problembereiche nehme ich genauer unter die Lupe: den **menschlichen Körper** und **Weltraumschrott**.

Meine Faktenfragen:
1. Welche körperlichen Schwierigkeiten hat ein Mensch, der über einen langen Zeitraum im All ist?
2. Was hat es mit dem Weltraumschrott auf sich, der eine Gefahr für Astronauten sein kann?

Meine ganz persönliche Forscherfrage:
Wie fühlt sich „künstliche Schwerkraft" an, die in Zukunft Astronauten im Weltraum gesund halten soll?

SPOILER-ALARM!
Wir Menschen haben es sogar geschafft, einen Teil des Weltraums zu vermüllen.

Unglaublich!

Mein Bericht aus der Schwerkraftmaschine

siehe ab Seite 24

Was? Ich soll wieder in eine Zentrifuge steigen? Herrje – die erste hat mich doch schon an mein körperliches Limit gebracht. Aber diese hier sieht vollkommen anders aus, und angeblich wird's viel angenehmer. Na, mal sehen, was das bedeutet ...

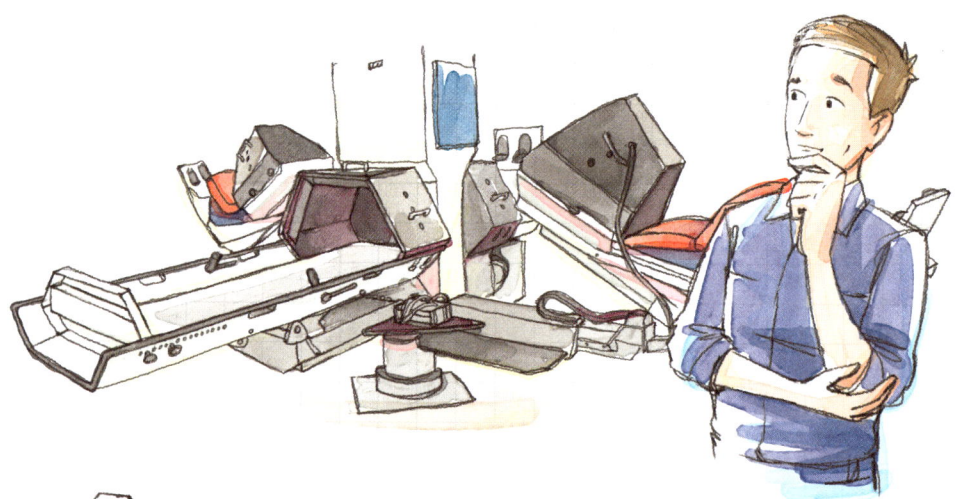

In **Teil 1 dieser Wissensmission** geht es um die Langzeit-Nebenwirkungen für den Körper in der Schwerelosigkeit. Astronauten erleben sie bei ihren langen Einsätzen im All – und das führt zu Problemen. Zentrifugen wie diese könnten das in Zukunft ändern. Die Idee: Sie erzeugen eine „künstliche Schwerkraft".

Hört sich erst mal seltsam an, aber der Plan ist echt clever: Auf der Erde wirkt die Schwerkraft auf unseren Körper. Im Weltraum fehlt sie. Wenn man sie nun mit einer Art „Schwerkraftmaschine" ins Weltall bringen könnte, dann hätte der Körper dort ähnliche Bedingungen wie zu Hause.

Das habe ich auf Seite 30 erklärt.

Um zu erleben, wie das gehen soll, lege ich mich beim DLR in Köln in die Zentrifuge, werde wieder mal an unzählige medizinische Messinstrumente angeschlossen und total festgegurtet. Mein Kopf steckt in einer Art Kasten, der gleich blickdicht verschlossen wird, damit ich nicht sehe, wie sich die Umgebung um mich herum dreht. ⎯⎯→

Na, Gott sei Dank. Davon würde mir nämlich garantiert schlecht werden.

So, ich bin bereit für mein Schwerkraft-Geschleuder: Ich liege in der Zentrifuge, die jeden Moment anfängt, sich zu drehen, drehen, drehen, drehen …

Das könnte das Leben im All also verbessern? Aber was passiert denn überhaupt mit dem Körper, wenn er längere Zeit im Weltraum ist?

Dazu habe ich mich mal schlau gemacht.

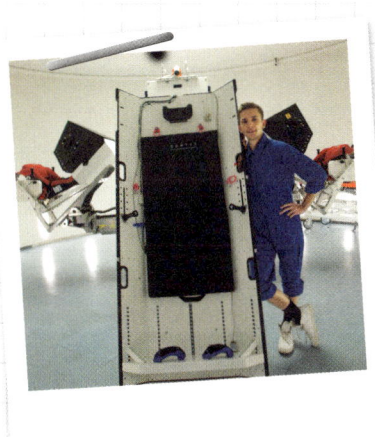

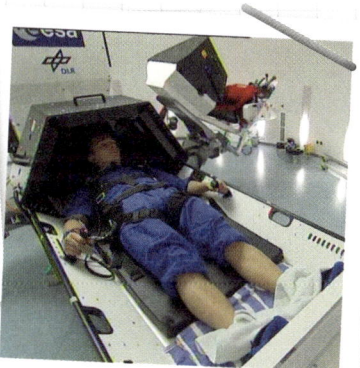

KRANK DURCH DAUERHAFTE SCHWERELOSIGKEIT

Das erste Problem, das bei ziemlich vielen Astronautinnen und Astronauten in der Schwerelosigkeit auftritt, ist die **Raumkrankheit**. Das Gleichgewichtsorgan ist das Leben ohne Schwerkraft nicht gewohnt und daher können Übelkeit, Kopfweh oder Schwindel die Folge sein.

Vergleichbar mit der Seekrankheit, bei der einem auf einem Schiff schlecht wird.

Manche trifft die Raumkrankheit mehr, manche weniger. In den meisten Fällen geht sie nach einer gewissen Zeit vorbei. Um die Missionen nicht zu gefährden, werden in den ersten Tagen im All niemals schwierige Aufgaben eingeplant.

Ein viel größeres Problem ist allerdings, dass sich in der Schwerelosigkeit die **Muskeln und auch die Knochen der Astronauten zurückbilden.**

normaler Muskel   *zurückgebildeter Muskel*

Wenn wir stehen, laufen, hüpfen, und, und, und, ...

Auf der Erde sind sie ständig im Einsatz, aber in der Schwerelosigkeit haben sie nicht viel zu tun und werden daher immer dünner. Wie auf der Erde gilt auch im All: Was unser Körper nicht braucht, das baut sich allmählich ab.

Um dem Muskel- und Knochenabbau entgegenzuwirken, müssen die Astronautinnen und Astronauten im All täglich bis zu drei Stunden Sport machen.

Sie trainieren dabei mit Gummibändern und speziell entwickelten Sportgeräten, da normale Gewichte ja schwerelos wären - und darum eben nichts wiegen würden. Außerdem werden sie ständig medizinisch überwacht. Nach der Rückkehr zur Erde normalisieren Muskeln und Knochen sich zwar langsam wieder, aber der ganze Aufwand im All ist anstrengend und zeitintensiv!

Eine Maschine wie die, in der ich gerade liege, könnte das in Zukunft so gut wie überflüssig machen!

> **Mein Bericht aus der Schwerkraftmaschine**

Die Zentrifuge nimmt Fahrt auf und ich merke, wie ich Richtung Fußende rutsche. Klar, durch die Umdrehungen werde ich leicht nach außen geschleudert und auf meine Füße gedrückt. **Die Kraft, die dabei auf meinen Körper wirkt, heißt übrigens Zentrifugalkraft.**

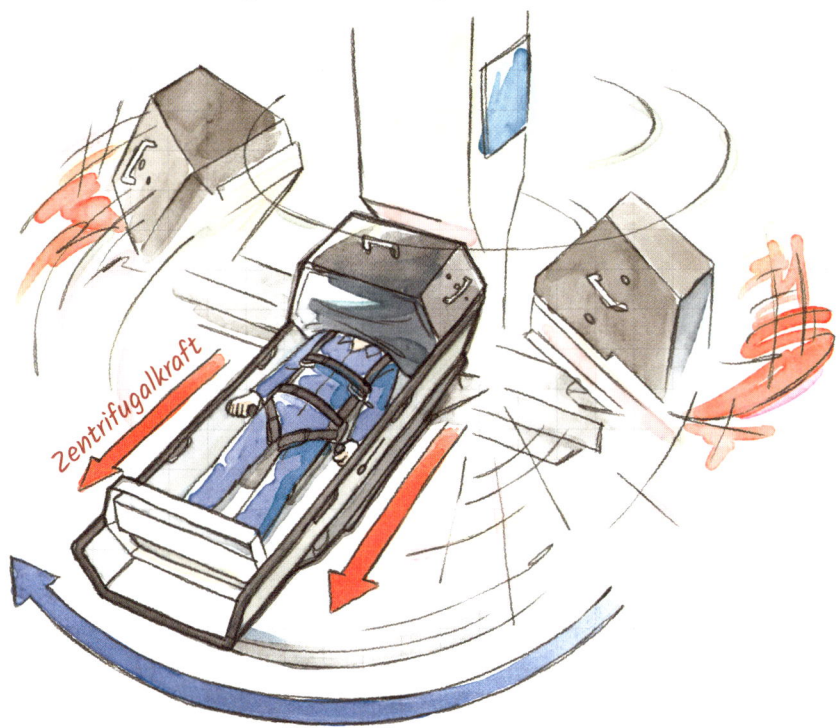

Meine Beinmuskeln können nicht anders und spannen sich leicht an. Auch die anderen Muskeln reagieren. Und plötzlich, von einer Sekunde auf die andere, bin ich total verwirrt. Ich habe auf einmal das Gefühl, dass ich nicht mehr liege, sondern stehe und die Maschine sich nicht mehr dreht.

Und da mein Kopf ja in dem Kasten steckt und ich die Umgebung nicht sehe, frage ich per Funk in der Schaltzentrale sicherheitshalber nach: „Ey, Leute, habt ihr gerade meine Liege in eine aufrechte Position gebracht und angehalten?" Und die Antwort kann ich erst mal nicht glauben.

„Nee, was du jetzt spürst, ist die künstliche Schwerkraft. Du liegst und drehst dich immer noch, aber die künstliche Schwerkraft gaukelt dir vor, dass du stehst."

Später erfahre ich, dass das bei 20 Umdrehungen pro Minute passiert ist.

Maximale Verwirrung. Was hier gerade passiert, ist echt faszinierend. Also: Die gleichmäßige Drehung der Zentrifuge hat zur Folge, dass die dabei entstehende Zentrifugalkraft mich, obwohl ich liege, auf meine Füße presst. Und zwar mit exakt der gleichen Kraft wie sonst die Schwerkraft, wenn ich stehe. Die Zentrifuge ahmt also die Schwerkraft auf meinen Körper nach, für Muskeln und das Gleichgewichtsorgan im Innenohr fühlen sich beide Kräfte genau gleich an.

So könnte eine solche Maschine in Zukunft also die Schwerkraft ins All bringen.

Schwerkraft im Stehen

Zentrifugalkraft im Liegen

Mein Bericht aus der Schwerkraftmaschine

Nach acht Minuten wird die Zentrifuge angehalten und sofort habe ich auch wieder das Gefühl, dass ich liege.

Ein möglicher Plan ist, die Raumstation zukünftig mit einer Zentrifuge auszustatten.
Die Raumfahrer könnten darin sportliche Übungen machen oder sogar schlafen. Da Muskeln und Knochen in der künstlichen Schwerkraft dann schon einer gewissen Grundbelastung ausgesetzt wären, würde dadurch die Trainingszeit der Besatzung verkürzt. Ein cooler Plan, um das Leben in der Schwerelosigkeit zu vereinfachen.

Also ich hätte für meinen Weltraumtrip gerne ein Gassi-Laufband mit integrierter Leckerli-Versorgung. WUFF!

Aber: Ein anderes Problem, mit dem sich Astronauten beschäftigen müssen, lässt sich mit dieser Maschine leider nicht lösen. Es geht um Schrottteile, die im All herumfliegen und bei einem Zusammenstoß zerstörerische und sogar tödliche Folgen haben können. Das Verrückte dabei: Diese Gefahr haben wir Menschen selbst verursacht ...

Ab hier geht's jetzt um den Weltraumschrott.

In **Teil 2 dieser Wissensmission** werde ich gleich Zeuge, wie in einer Simulation Weltraumschrott mit einer Satellitenhülle zusammenprallt. Und zwar mit der unglaublichen Geschwindigkeit von 30.000 km/h! KRAWUMM!

→ *Das ist das Hundertfache eines Formel-1-Wagens, der so um die 300 km/h fährt.*

Es ist nämlich so: Satelliten, die Raumstation oder auch Weltraummüll kreisen etwa mit dieser Wahnsinnsgeschwindigkeit um die Erde. Ein Zusammenstoß hätte also eine enorme Wucht. Die Folgen für die Raumfahrt will ich mir heute in einem Versuch genauer ansehen.

Kollision ist ein anderes Wort für Zusammenstoß.

Hier am Ernst-Mach-Institut in Freiburg werden solche Kollisionen nachgeahmt, um Lösungen für das Problem zu finden. Der zuständige Wissenschaftler drückt mir als Erstes eine kleine Kugel aus Aluminium in die Hand. „Schau mal, hier ist unser Versuchs-Weltraumschrott. Gerade mal so groß wie ein Erdnusskern. Den feuern wir gleich ab!"

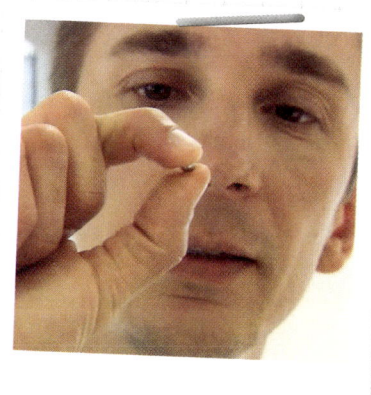

Mein Bericht von der Schrottkanone

Ehhh, wie bitte? Bei unserem Weltraumschrott geht es um diese pupsikleine Größenordnung? Irgendwie dachte ich, wir lassen jetzt in einer riesigen Halle Satelliten spektakulär aufeinander crashen. Was soll denn so ein kleines Kügelchen in den Weiten des Alls anrichten können?

So fliegt die Kugel in der geschlossenen Röhre.

Für unsere Simulation wird es gleich mit dieser sogenannten Leichtgaskanone durch eine lange Röhre geschossen.

Im Inneren wird durch eine kleine Explosion ein enormer Druck erzeugt, der unser Kügelchen beschleunigt.

Plötzlich kommt mir ein Gedanke, der mich total sauer macht: Reicht es nicht, dass wir Menschen die ganze Erde zumüllen? Müssen wir im Weltall genauso weitermachen? Und dadurch die Astronautinnen und Astronauten in Gefahr bringen? Denn das Problem des Weltraumschrotts ist zu 100 Prozent von Menschen gemacht.

Folgendes habe ich dazu rausgefunden:

MENSCHENGEMACHTER WELTRAUMMÜLL

Als Weltraumschrott oder Weltraummüll bezeichnet man Objekte, die von Menschen ins All befördert wurden, die aber keine Funktion mehr erfüllen: Ausgebrannte Raketenantriebe, abgebrochene Solarmodule, alte oder gar explodierte Satelliten kreisen nutzlos auf verschiedenen Umlaufbahnen der Erde.

In den vergangenen Jahrzehnten wurden zum Beispiel Tausende von Satelliten in den Weltraum geschickt. Mit ihrer Hilfe können wir das Internet und Navigationssysteme nutzen, telefonieren oder das Wetter vorhersagen. Spitzensache! Bis ein Satellit seinen Geist aufgibt.

Kaputte oder abgeschaltete Satelliten bleiben nämlich auf ihrer Umlaufbahn und fallen nicht einfach so herunter. Lange Zeit herrschte die Ansicht: „Ach, egal, da oben stören sie doch nicht." Nur leider wurde dabei vergessen, dass sich im Laufe der Zeit immer mehr Schrott ansammelt.

Bestimmte Umlaufbahnen der Erde sind mittlerweile regelrecht zugemüllt, und aktive Satelliten müssen immer wieder Ausweichmanöver fliegen. Genauso wie die Raumstation ISS. Sie kreist zwar in einer Höhe um die Erde, in der nicht so viel Weltraumschrott unterwegs ist. Doch die Astronauten müssen mit Hilfe aufwendiger Systeme immer wieder die Flugbahn ändern, um Zusammenstöße zu vermeiden.

Weltraumschrott ist also auch für die astronautische Raumfahrt ein Problem!

So in etwa kann man sich die Schrottwolke um die Erde vorstellen.

Und: Sammelt sich in Zukunft noch mehr Weltraummüll an, könnte es irgendwann zu einer Kettenreaktion kommen. Durch immer neue Zusammenstöße der Schrottteile untereinander entstünden immer weitere, kleinere Teile und der Schrott würde sich dadurch selbst vervielfachen. Dieser Effekt ist dann kaum noch aufzuhalten und könnte uns den Zugang zum Weltraum komplett verbauen.

Das nennt man „Kessler-Effekt".

Was also tun gegen den Weltraumschrott? Da gibt es verschiedene Möglichkeiten. *Die beiden ersten werden schon angewendet.*

1) **Müllvermeidung**. Zum Beispiel, indem man jetzt schon einplant, Satelliten, wenn sie mal nicht mehr verwendet werden, kontrolliert per Absturz über dem Ozean verglühen zu lassen.

2) **Schutz bei Zusammenstößen**: Auf der Internationalen Raumstation sind die Aufenthaltsbereiche mit speziellen Schutzwänden verstärkt. Drohen Kollisionen mit größeren Teilen, weicht die ISS aus. Dann wird ein Triebwerk eines angekoppelten Raumschiffes gezündet, um die ISS in eine höhere Umlaufbahn zu bringen.

3) **Müll entsorgen**: Größere Schrottteile könnten in Zukunft mit Aufräumsatelliten eingefangen und zum Verglühen in die Atmosphäre gebracht werden. *mit Netzen, Harpunen, Greifarmen oder Magneten*

Und vielleicht wird man in Zukunft kaputte Satelliten im Orbit auch mit einem Robotersatelliten reparieren können.

WOW!-WISSEN

WELTRAUMSCHROTT

Wissenschaftler schätzen, dass ungefähr **130 Millionen Teilchen** Weltraumschrott, die größer als ein Millimeter sind, um die Erde kreisen. Und mindestens **900.000 Objekte,** die größer als ein Zentimeter sind. Diese kleinen Teile sind meist durch Zusammenstöße untereinander oder Explosionen entstanden.

Die Position von Teilen, die größer als zehn Zentimeter sind, wird von Forschern per Radar und mit Teleskopen ständig überwacht, damit Satelliten oder die Raumstation ihnen ausweichen können.

Unser Experiment steht kurz bevor. Wir wollen herausfinden: Was passiert eigentlich genau, wenn Mini-Weltraumschrott wie unser Alu-Kügelchen auf die Außenwand der Raumstation oder eines Satelliten trifft? Wie groß ist die Gefahr, die davon ausgeht? Wir laden die Leichtgaskanone und positionieren am anderen Ende das Ziel: einen Aluminiumzylinder. Er simuliert die Außenhülle eines Satelliten oder der ISS.

Ich komme ins Grübeln: Kann das Alu-Kügelchen den Alu-Zylinder komplett durchschlagen? Oder wird alles zu Tausenden Kleinteilen pulverisiert? Ich höre einen kurzen Knall, das war's schon. Gleich sind wir schlauer.

Gespannt öffne ich die Kammer, in der wir den Zylinder positioniert hatten, und halte Ausschau nach Splittern oder Alu-Bröckchen. Und? Nichts zu sehen. Hm, hat irgendwas nicht geklappt?

Deswegen finde ich Experimente so toll. Man hat viele Fragen und kommt den Antworten immer näher.

Mein Bericht von der Schrottkanone

Doch als ich den Zylinder in die Hand nehme und auf die Vorderseite schaue, kriege ich Gänsehaut: Das hat unser kleines Kügelchen angerichtet?

Was für ein Krater – der geht ja fast durch den ganzen Block! Zum Vergleich halten wir ein neues Kügelchen daneben, denn das abgeschossene ist durch den hohen Druck beim Aufprall mit dem Alu-Zylinder verschmolzen. Wahnsinn!

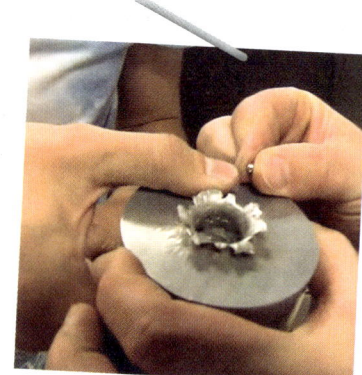

Das ist der Beweis: Schon der kleinste Weltraummüll kann große Schäden anrichten.

Würde ein Astronaut direkt davon getroffen, wäre das höchstwahrscheinlich tödlich. Denn auch der Raumanzug kann nicht alles abhalten. Nicht auszudenken, was passiert, wenn es sich um noch größere Schrottteile handelt.

In Zukunft etwas gegen den Weltraumschrott zu unternehmen, ist also sehr wichtig für die Raumfahrt.

Antworten

Was hat es mit Weltraumschrott auf sich?
Weltraumschrott sind Objekte, die von Menschen ins All gebracht wurden, aber keine Funktion mehr haben. Für die Raumfahrt sind Zusammenstöße damit eine große Gefahr.

Wie reagiert der Körper im All?
In der Schwerelosigkeit bilden sich Muskeln und Knochen zurück. Regelmäßiges Sporttraining hilft dagegen. In Zukunft könnten Zentrifugen an Bord künstliche Schwerkraft erzeugen.

Wie fühlt sich künstliche Schwerkraft an?
Die künstliche Schwerkraft der Zentrifuge fühlte sich für mich genauso an wie die Schwerkraft auf der Erde. Kein Unterschied!

Mein Krass-das-vergesse-ich-nie-Moment:
Als ich in der Zentrifuge meinen Sinnen nicht mehr trauen konnte. Stehe ich? Liege ich?
Gibt's ja wohl nicht!

Die Geschwindigkeit von Weltraumschrott ist mit 30.000 km/h unvorstellbar hoch. Verglichen mit der Lichtgeschwindigkeit ist das allerdings gar nichts! Zeit für den zweiten Teil meines Weltraumcrashkurses.

ERICS WELTRAUM-CRASHKURS • ERICS WELTRAUM-CRASHKURS • ERI

Bin dabei – legen wir los!

LICHTGESCHWINDIGKEIT

Das Licht hat eine ganz bestimmte Geschwindigkeit, und genau deswegen schauen wir in die **Vergangenheit,** wenn wir einen Blick in den Himmel werfen. Folgendes Gedankenexperiment dazu:

Mal angenommen, ich hätte eine supergute Freundin auf der Venus … nennen wir sie mal Venni. Und sie hat mich gebeten, zu checken, ob ihre Gartenbeleuchtung funktioniert.

Jaaaa, ich weiß, auf der Venus gibt's kein Leben. Aber im Gedankenexperiment ist doch schließlich alles erlaubt!

Exakt um 19 Uhr will sie diese auf der Venus anknipsen. Ich soll per Fernrohr von der Erde aus überprüfen, ob alles leuchtet.

Pünktlich stehe ich bereit, schaue Richtung Venus und sehe um genau 19 Uhr: nichts. Alles schwarz! Kein Lichtstrahl, der von dem 40 Millionen Kilometer entfernten Planeten ausgeht. „Hm, dann sind ihre Lampen wohl tatsächlich kaputt!", denke ich.

Doch plötzlich, etwa zwei Minuten später, erstrahlt ihr Garten dann doch in voller Lichtpracht. Und da dämmerts mir. „Stimmt ja! Das Licht braucht einen Moment, bis es hier ist!!! Venni hat es pünktlich eingeschaltet, aber erst jetzt sehe ich es!"

Und hier kommt die wissenschaftliche Erklärung: Licht hat eine ganz bestimmte, gleichbleibende Geschwindigkeit, mit der es sich ausbreitet.

Die Lichtgeschwindigkeit beträgt 300.000 Kilometer pro Sekunde. Das sind über eine Milliarde km/h.

Um ganz exakt zu sein: 299.792,458 Kilometer pro Sekunde.

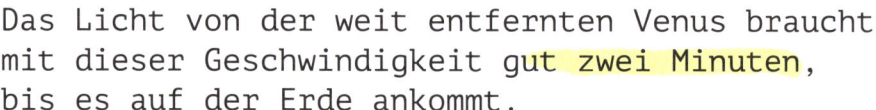

Die vermutlich höchste Geschwindigkeit, die überhaupt erreicht werden kann.

Das Licht von der weit entfernten Venus braucht mit dieser Geschwindigkeit gut zwei Minuten, bis es auf der Erde ankommt.

Daher blicken wir auch in die Vergangenheit, wenn wir den Sternenhimmel anschauen. Sterne existieren nicht ewig und es ist gut möglich, dass es viele, die wir sehen, überhaupt nicht mehr gibt. Doch ihr Licht kommt erst jetzt bei uns an, weil sie eben so weit entfernt sind.

Lichtjahr

Die Strecke, die das Licht innerhalb eines Jahres zurücklegt, nennt man Lichtjahr.

Ein Lichtjahr ist also kein Zeitraum, sondern beschreibt eine Entfernung.

Man sagt zum Beispiel: Die Galaxie Andromeda ist Millionen Lichtjahre von uns entfernt.

WOW!-WISSEN

LICHT

Licht ist eine Form von Energie. Genauer: Es handelt sich dabei um sogenannte **elektromagnetische Wellen**.

Diese bewegen sich für uns unsichtbar durch den Raum. Wir nehmen nur die Lichtquelle wahr. Oder den Punkt, an dem das Licht auftrifft.

Wenn die elektromagnetischen Lichtwellen auf einen Gegenstand treffen, werden sie von diesem zurückgeworfen und enthalten dann Informationen über seine Farbe, Größe und Form. Unser Auge nimmt sie auf und schickt die Informationen ans Gehirn. Erst dort entsteht das Bild von dem, was vor uns zu sehen ist. Ohne Licht würden wir auch nichts sehen!

SCHWARZES LOCH

Die Endphase unserer Sonne beginnt in etwa 5,5 Milliarden Jahren. Das schreibe ich mir schon mal in den Kalender.

Auch die Lebenszeit eines Sternes ist also irgendwann vorbei. Aber was passiert dann?

Wenn ein sehr großer Stern stirbt, entsteht ein **Schwarzes Loch**. Er muss dafür mindestens die achtfache Masse unserer Sonne haben. Zunächst fällt er nach und nach in sich zusammen, man sagt dazu: Er kollabiert. Schicht für Schicht fällt dabei zum Mittelpunkt.

Ab einem bestimmten Zeitpunkt sammelt sich dort dann so viel Material, dass die nachfallenden Schichten keinen Platz mehr haben und vom Mittelpunkt zurückgeschleudert werden. Das führt zu einer extrem hellen Explosion - der Supernova.

Der übrig gebliebene Sternenkern wird zum Schwarzen Loch und hat nur noch einen Durchmesser von rund zehn Kilometern.

großer Stern   Supernova   Schwarzes Loch

Wie dieses viel kleinere Dingsbums aussieht und was darin passiert, das weiß man noch nicht genau.

Auf jeden Fall hat es eine unglaubliche Anziehungskraft entwickelt und hält alles fest, was zu dicht heran kommt! Planeten, Sterne und sogar - jetzt kommt's - LICHT! Die riesige Kraft des **Schwarzen Lochs** hält auch das einfallende Licht fest.

Und genau deswegen ist es in einem bestimmten Bereich um das Loch herum schwarz, denn von dort kann kein Licht entkommen. Daher sind Schwarze Löcher für uns eigentlich unsichtbar. Wie soll man schließlich unterscheiden, ob ein schwarzer Bereich im All einfach nur leer oder ein Schwarzes Loch ist?

Dennoch können Wissenschaftler Schwarze Löcher ausfindig machen: Wenn Himmelsköper auf bestimmte Weise um eine schwarze Region im All kreisen, kann man daraus schließen, dass in der Mitte ein Schwarzes Loch ist.

Also ich buddel auch immer Schwarze Löcher - wenn ich den Maulwurf in unserem Garten jage!

URKNALL

Wissenschaftler gehen davon aus, dass vor **13,8 Milliarden Jahren** durch den Urknall das Universum entstanden ist.

Die Urknalltheorie besagt: Alles, was es heute im Universum gibt – Planeten, Sterne, Atome, und, und, und ... –, war vor Beginn des Universums **unter enormer Hitze zusammengepresst,** so klein, dass man es mit bloßem Auge gar nicht hätte sehen können.

→ *Allein das übersteigt schon meine Vorstellungskraft.*

Dann hat sich das Ganze plötzlich und irgendwie **sehr schnell ausgedehnt,** und das Universum entstand. Was dabei genau passierte, können die Wissenschaftlerinnen und Wissenschaftler noch nicht erklären.

Seitdem dehnt sich das Universum immer weiter aus. Auch jetzt, in genau dieser Sekunde, wird es ständig größer.

WOW!-WISSEN

URKNALL

Seit dem Urknall ist einiges passiert.

vor etwa 300.000 Jahren: Homo Sapiens (Mensch) entsteht

vor etwa 230 Millionen Jahren: Dinos entstehen

vor etwa 3,8 Milliarden Jahren: Leben (Einzeller) entsteht

vor etwa 4,6 Milliarden Jahren: unser Sonnensystem bildet sich

kurz darauf: Entstehung der Milchstraße

vor 13,8 Milliarden Jahren: Urknall

Ich treffe einen Astronauten

oder

Wo ist hier eigentlich die Erde?

Ich bin mit dem Astronauten Alexander Gerst zum Interview verabredet. Zusammen schauen wir uns einen nachgebauten Teil der Internationalen Raumstation an.

„Hallo Herr Astronaut – schön, Sie kennenzulernen!"

Nee, das geht gar nicht.

„Hey, ich bin ein großer Fan, freut mich!"

Ist ja noch schlimmer.

„Guten Tag, Herr Kommandant?!"

Auch doof!

Sechste Mission

Ich komme irgendwie nicht damit klar, dass ich jemanden treffen werde, der den Weltraum erlebt hat. Und richtig berühmt ist er auch noch. Wie begrüßt man so jemanden denn nun?

Alexander Gerst ist Astronaut und außerdem der erste deutsche Kommandant auf der Internationalen Raumstation ISS gewesen. Er war inzwischen insgesamt unglaubliche 362 Tage lang im All. Wenn einer alles über die ISS und das Leben im All weiß, dann dieser Mann!

Bei diesem besonderen Treffen interessiert mich:

Meine Faktenfragen:
1. Was erzählt ein echter Astronaut über das Leben und Arbeiten im Weltraum?
2. Was genau ist eigentlich diese Internationale Raumstation ISS?

Meine ganz persönlichen Forscherfragen:
1. Ist ein Astronaut anders als wir „Normalos"?
2. Wie ist es, den Nachbau der ISS zu betreten und sich darin umzusehen?

SPOILER-ALARM!
In diesem Kapitel steht, was mit
Astronauten-Pipi auf der
Raumstation passiert.

Die ISS und der Astronaut

Mir schlägt das Herz bis zum Hals. In ein paar Minuten wird Alexander Gerst durch die Tür hier im Europäischen Astronautenzentrum kommen. Exakt eine Stunde lang habe ich dann Zeit, ihm all meine Fragen zu stellen und mir die ISS erklären zu lassen – keine Minute mehr. Denn jeder Tag des Astronauten ist haarklein durchgeplant. Übungseinheiten, Sitzungen, Experimentsvorbereitungen. Ich treffe ihn nämlich in der heißen Phase kurz vor seinem zweiten Flug ins All.

Manchmal bringt Grübeln ja was, aber manchmal macht es einen auch einfach nur verrückt. So wie jetzt gerade.

Als ich mit leicht schwitzigen Händen vor dem ISS-Nachbau warte, in den wir gleich zusammen gehen werden, komme ich ins Grübeln: Was, wenn ich die Interviewzeit überziehe? Oder er überhaupt keine Lust auf ein Interview hat? Na toll, jetzt bekomme ich auch noch Pudding-Knie!

Und genau in dieser Sekunde geht die Tür auf und Alexander Gerst kommt forschen Schrittes auf mich zu.

„Tut mir leid, dass ich ein paar Minuten zu spät bin, aber jetzt nehme ich mir Zeit. Hallo, Eric."

Er schaut mich freundlich grinsend an, streckt mir seine Hand entgegen und im Moment des Händeschüttelns verdünnisieren sich meine Sorgen und die ganze Aufgeregtheit.

Wer hätte gedacht, dass einer der berühmtesten Astronauten der Welt das Sympathielevel von der ersten Sekunde an derart sprengt?

SYMPATHIELEVEL
- Mein humorloser Geschichtslehrer
- Nervige Tante, die einem ein RIESEN-Eis ausgibt
- Nachbar, der einen an seiner Konsole zocken lässt
- So wie 1000 kleine Hundebabys

Und so ist meine erste Frage an ihn eine, von der ich nie gedacht hätte, dass ich sie ihm stelle. Aber sie kommt mir irgendwie unwillkürlich über die Lippen.

„Ist es eigentlich okay, wenn wir uns duzen?"

„Klar, ich bin Alex!", antwortet er.

Damit ist das Eis endgültig gebrochen und wir betreten den originalgetreu nachgebauten Teil der ISS.

Als ob ich das nicht wüsste!

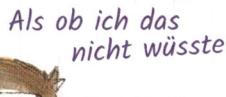

Die ISS und der Astronaut

Das sieht man gut auf der nächsten Doppelseite. „Das hier ist der Vorderteil der Raumstation, das Columbus-Modul in Originalgröße. Im All sind es dann noch viel mehr Module", sagt Alex.

Das Innere ist sehr hell und geräumig – ich kann gut stehen. Andererseits, wenn ich mir vorstelle hier monatelang drin zu sein ... Eine leichte Beklemmung beschleicht mich. Wie fühlt sich das wohl an, die Station lange nicht verlassen zu können?

EINSAMKEIT IM ALL

„Sag mal, da oben im Weltraum, wie ist das, so isoliert von der Außenwelt?", frage ich Alex gespannt. Und seine Antwort überrascht mich total.

„Tatsächlich fühlt sich das gar nicht isoliert an. Ich kann E-Mails schreiben oder telefonieren, chatten oder eine Videokonferenz machen. Auf der Erde ist immer jemand, der antwortet. Auch nachts", erzählt Alex.

„Verrückt, du fühlst dich also weniger allein als jemand, der auf einem Berg keinen Handyempfang hat?", werfe ich ein bisschen ungläubig ein.

„Ja, und noch dazu sehe ich aus dem Fenster immer die Erde. Ich fühle mich auf der Station tatsächlich nicht sehr isoliert", sagt Alex nickend und fügt eine lustige Geschichte an.

„Einmal, da habe ich rausgeschaut und die Erde war weg! Da war ich erst mal irritiert: **Wo ist die Erde hin?!**" Ich schaue Alex mit aufgerissenen Augen an. Was war passiert? Ein Schwarzes Loch? Eine Paralleldimension? Alex klärt mich grinsend auf:

„Die Station hatte sich über Nacht automatisch gedreht, für ein Experiment. Und ich wusste nichts davon. Die Erde war also nur auf der anderen Seite der Station. Das war echt witzig!"

Die Cupola – die Kuppel – hat sieben Glasfenster für einen grandiosen Blick auf die Erde. Von hier wird auch der außenliegende Roboterarm gesteuert.

Wir müssen beide loslachen. Was für eine Story!

Das Leben auf der Station hält also echt einige Überraschungen bereit. Sie ist übrigens etwa so groß wie ein Fußballfeld. Allerdings hat sie – sorry, liebe Fußballfelder – ein bisschen mehr zu bieten:

125

„DIE KOMPLEXESTE MASCHINE, DIE DIE MENSCHHEIT JE GEBAUT HAT."

So bezeichnet Alex die Internationale Raumstation ISS. In ihrem Zentrum sind vor allem die verschiedenen Module, die miteinander verbunden sind. Module – das sind **eigenständige Bereiche**, in denen die Astronauten **leben oder arbeiten**. Diese Module sind ein bisschen vergleichbar mit den einzelnen Abteilen eines Zugs – die sind auch miteinander verbunden und ergeben zusammen ein großes Ganzes.

Die Module und einige weitere Elemente im inneren Bereich sind so etwas wie das **Herz der Station**. Hier befinden sich alle **lebenserhaltenden Systeme**, hier wohnen die Astronauten und hier docken auch die Raumschiffe an. Außerdem sind hier auch die sechs Schlafbereiche, zwei Bäder und der Fitnessbereich.

FAKTEN ZUR **ISS** • FAKTEN ZUR **ISS** • FAKTEN ZUR **ISS** •

Nach außen hin erstrecken sich Solarzellen. Sie versorgen die Station durch Umwandlung von Sonnenenergie mit Strom und geben ihr den charakteristischen Flügel-Look. Wegen der riesigen Solarflügel ist die ISS von der Erde bei gutem Wetter sogar mit bloßem Auge zu erkennen.

Hier ist das Columbus-Modul.

Im Internet gibt es Seiten, auf denen man nachschauen kann, wann die ISS über den eigenen Wohnort fliegt.

Ziemlich cool, dann kann man nämlich Ausschau nach ihr halten!

127

WOW!-WISSEN

INTERNATIONALE RAUMSTATION

ADRESSE: Orbit der Erde

ENTFERNUNG ZUR ERDE:
370 bis 460 Kilometer

SPANNWEITE: 109 Meter

GESCHWINDIGKEIT: 27.800 km/h

ERDUMRUNDUNG: 1x in 90 Minuten

BEGINN DES AUFBAUS: 1998

IN BETRIEB SEIT:
November 2000, seither durchgehend bewohnt

BESATZUNG: Bis zu sechs Personen. Bis Ende 2019 waren 239 Menschen aus 19 Nationen an Bord.

FUN-FACTS: Etwa 13 Kilometer Kabel an Bord. Mehr als 50 Computersysteme mit etwa 350.000 Sensoren überwachen die Station.

ESSEN IM ALL

„Was esst ihr denn eigentlich im Weltraum?", will ich als Nächstes von Alex wissen. Er reicht mir so etwas wie eine kleine Chipstüte, die ich sofort aufmache.

Mal schnell um die Ecke zum Supermarkt zu rennen, ist ja eher schwierig.

„Also, das hier sind zum Beispiel Kürbischips. Wenn du die jetzt nicht aufgemacht hättest, wären die vielleicht mit in den Weltraum geflogen. Es gibt auch Essen wie Rindfleisch, das wird im Ofen warm gemacht und dann aus der Dose gelöffelt. Bei Nudeln kommt einfach heißes Wasser drauf."

Während Alex erzählt, habe ich mir den Mund mit den Kürbischips vollgestopft.

„Büffschen trocken ...", pruste ich kauend.

„Ich mag die ganz gern. Das generelle Problem beim Essen: Es ist echt gut, aber wir essen ein halbes Jahr nur das! Nach sechs Monaten will man da schon mal wieder was Frisches, zum Beispiel einen Salat. Oder grillen auf der Dachterrasse."

Wer hätte gedacht, dass das Essen eine der großen Herausforderungen für einen Astronauten ist?

Darum werde ich mich ab Seite 138 noch mal genauer kümmern.

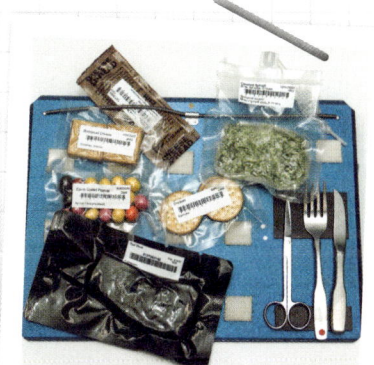

So sieht das Weltraumessen oft aus.

Die ISS und der Astronaut

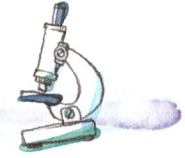

FORSCHUNG IM ALL

Mittlerweile bin ich mit Alex im Laborbereich des Columbus-Moduls angekommen. Mein Blick fällt sofort auf einen in die Wand eingelassenen Glaskasten, in den man mit Gummihandschuhen hineingreifen kann.

„Was macht ihr hier für Experimente?", frage ich Alex.

„In der Handschuhbox haben wir bei meiner letzten Expedition zum Beispiel Versuche mit Feuer durchgeführt. Wir wollten verstehen, wie Flammen eigentlich funktionieren. Mit diesem Wissen kann man dann feuerfestere Materialien herstellen", erklärt er.

Die Forschungsergebnisse bringen uns also auch auf der Erde weiter! Aber warum werden solche Experimente im All gemacht und nicht hier unten?

Alex sagt: „Die Raumstation hat ja den Vorteil, dass alles schwebt. Wir führen also Experimente durch, die man auf der Erde gar nicht machen kann!

Ein Beispiel: Wenn wir neue Materialien testen wollen, für die Auto- oder Flugzeugproduktion zum Beispiel, dann erzeugen wir <u>flüssige geschmolzene Kügelchen</u> aus Metall. Für die Untersuchung dürfen diese für mehrere Minuten <u>kein Gefäß berühren</u>, die müssen frei schweben. Und das geht nur hier!"

→ Klingt total faszinierend, aber auch ziemlich kompliziert.

„Und musst du jedes einzelne Experiment kennen, verstehen und durchführen?", frage ich ihn ungläubig.

„Nein, wir machen ja **Hunderte Experimente** pro Expedition. Viele werden von Wissenschaftlern auf der Erde ferngesteuert. Wir bauen sie auf und wieder ab. Nur wenn was schief geht, springen wir ein."

Als Alex so locker-flockig vom Arbeitsalltag auf der Station erzählt, frage ich mich: Geht da oben eigentlich immer alles glatt? Was macht man in Notsituationen? Hat er so was schon mal erlebt?

Die ISS und der Astronaut

GEFAHREN AN BORD

„Bei uns auf der Station gab es bisher nur kleinere Zwischenfälle. Eine Heizspule von einem Wassererhitzer ist mal durchgebrannt. Nicht weiter schlimm, aber wenn es brennt, muss man schauen, dass die Luft hier drin sauber bleibt. Also so schnell wie möglich löschen. Wir haben auch Gasmasken …", erzählt er ruhig.

„Denkst du im Vorfeld an so was?", frage ich ihn.

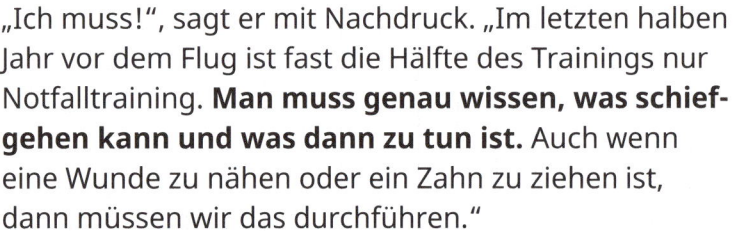

„Ich muss!", sagt er mit Nachdruck. „Im letzten halben Jahr vor dem Flug ist fast die Hälfte des Trainings nur Notfalltraining. **Man muss genau wissen, was schiefgehen kann und was dann zu tun ist.** Auch wenn eine Wunde zu nähen oder ein Zahn zu ziehen ist, dann müssen wir das durchführen."

Wie bitte? Unsicher frage ich nach: „Du kannst einen Zahn ziehen?"

„Klar, es kann nötig werden, und dann muss man gewappnet sein. Aber: Wenn die Station an der richtigen Stelle über der Erde ist, ist man innerhalb von drei Stunden zurück auf der Erde."

Erstaunlich, wie gelassen Alexander selbst bei diesem Thema bleibt. Nicht umsonst wurde er zum Kommandanten der Station bestimmt.

GEMEINSAM STARK

Die ISS ist ein gigantisches Gemeinschaftsprojekt. Viele Länder Europas, die USA, Kanada, Russland und Japan arbeiten Hand in Hand daran, die Station ständig weiterzuentwickeln und zu pflegen. ⟹ *Schon cool, so viele Länder arbeiten friedlich zusammen!*

Los ging es im Jahr 1998. Damals wurde das erste Bauteil – ein Fracht- und Antriebsmodul – in die Erdumlaufbahn gebracht. Im November 2000 zogen dann die ersten Astronauten ein. Seither werden immer wieder neue Teile und Module hinzugefügt und die Station wächst weiter. Das Prinzip dabei: Hier auf der Erde wird alles entwickelt und zusammengebaut, dann mit Transportraketen ins All gebracht und dort von den Astronauten „nur noch" miteinander verbunden und in Betrieb genommen. Die Kosten für die Station liegen inzwischen bei insgesamt etwa **110 Milliarden Euro**.

WOW!–WISSEN

VERSORGUNGSFLÜGE

Nicht nur die Bauteile der Station müssen ins All befördert werden, sondern auch immer wieder Essen, Wasser und Luft für die Menschen an Bord. Das geschieht auch mit unbemannten Versorgungsraketen. Um Wasser zu sparen, wird Schmutzwasser auf der ISS wieder zu sauberem Wasser aufbereitet. Sogar Urin! Ja, kein Witz, **aus Pipi wird im Weltall wieder Trinkwasser hergestellt!** Andere Ausscheidungen und sonstiger Müll werden mit Raumtransportern dann wieder Richtung Erde entsorgt.

SCHLAFEN IM ALL

Eine Sache interessiert mich noch brennend, denn ich sehe hier nirgends Betten oder einen Schlafbereich. Alex nimmt mich mit zu einer kleinen Kabine aus Stoff.

„Willkommen in unserem Schlafsaal", sagt er lachend. „Wobei, das ist vielleicht ein bisschen übertrieben. Da drin schlafen wir. Schwebend! Im Schlafsack, der an die Wand montiert ist."

Wie soll man denn bitte an der Wand schlafen? Hä? Aber klar, dann fällt der Groschen: In der Schwerelosigkeit gibt es ja kein Oben und kein Unten. Alex fügt hinzu:

„Damit man nachts nicht mit dem Kopf in der Ecke aufwacht, wird der Schlafsack an der Ecke festgebunden."

Ich steige in die Kabine, um sie mir genauer anzusehen. Die Wände sind gepolstert und mit Klettverschlüssen bestückt. Hier können die Astronauten alles festkletten, was sie so brauchen. Buch, Kopfhörer, Socken, Lesebrille, Kulturbeutel. Cooles System.

→ Gemütlich irgendwie, ein bisschen Zeltlager-Feeling.

Also die Weltraumversion eines Nachttisches.

Die ISS und der Astronaut

„Wie gut schläft man denn im All?", will ich von Alex wissen.

Innerlich muss ich grinsen. Ein schlafender Alex im All, der sich vergeblich um sich selbst dreht.

„Also, ich nicht ganz so gut wie auf der Erde. Hier drehe ich mich immer, um meine Muskeln zu strecken. Und ich habe mich ab und zu dabei ertappt, dass ich mich in der Schwerelosigkeit umdrehen wollte. Aber man schwebt ja, da bringt das nix. Nach einem halben Jahr im All wollte ich mich einfach mal wieder ins Bett werfen und alle viere von mir strecken."

Ich könnte wirklich noch stundenlang weiter mit ihm quatschen, aber die Zeit ist leider schon um.

„Hat mir Spaß gemacht, dir alles zu erklären und zu zeigen. Jetzt muss ich aber echt los." Wir verlassen das Columbus-Modul, und ich nehme noch mal meinen ganzen Mut zusammen und frage: „Können wir noch schnell ein Selfie machen?"

„Klaro!"

Was für ein cooles Interview das war! Wer hätte gedacht, dass Alexander Gerst da oben vor allem sein Bett und lustige Grillabende vermisst? Merke: Auch ein Astronaut ist ein ganz normaler Mensch wie du und ich – und dieser obendrein sogar ein sehr sympathischer.

Antworten

Was erzählt Alex über Leben und Arbeiten im All?
Die Arbeit im Weltraum dient vor allem der Forschung. Es werden Versuche durchgeführt, die auf der Erde nicht möglich sind. Einsam fühlt er sich dort nicht, aber das Weltraumessen ist auf Dauer eintönig und er vermisst ein echtes Bett.

Was genau ist die ISS?
Die Internationale Raumstation umkreist die Erde in etwa 400 Kilometern Entfernung und ist das komplexeste und teuerste wissenschaftliche Labor der Menschheit. Hauptaufgabe: Forschung.

Wie ist so ein Astronaut?
Alexander ist kein unnahbarer, übermenschlicher Superheld, sondern ein megasympathischer, ruhiger und witziger Wissenschaftler, der seinen Job liebt.

Wie sieht so ein ISS-Nachbau aus?
Recht geräumig, für einen langen Aufenthalt aber doch eng. Viele Geräte und Wände sind weiß, es ist freundlich und hell. Eher zweckmäßig als gemütlich.

Mit der ISS haben wir also eine feste Adresse im All. Und auch auf dem Mond waren wir Menschen schon. Aber die Eroberung des Weltraums geht munter weiter. Nächste Station: der „rote Planet" MARS. Darum geht's in meiner letzten Wissensmission.

Siebte Mission

Also, wenn ich meine Nachbarin Katharina und ihre Hündin Mila besuche, dann brauche ich von Tür zu Tür höchstens zwei Minütchen. Superpraktisch – vor allem, wenn mir die Hundeleckerli ausgehen. Dann kann ich schnell mal rübergehen …

Unser direkter Nachbar im Sonnensystem ist da schon ein bisschen weiter weg: Die Flugdauer zum **Mars** kann nämlich etwa sieben Monate betragen!!! Urgs! Bei dieser Reisedauer würde sogar Caramelo auf seine Leckerli verzichten.

Die Raumfahrt lässt sich davon nicht abschrecken. Eines der nächsten großen Ziele: eine bemannte Mission zum Mars. Die Planungen dazu laufen bereits.

Ich möchte wissen:

Meine Faktenfrage:
Wie ist der aktuelle Stand zur ersten astronautischen Marsmission?

Meine ganz persönliche Forscherfrage:
Was ist „Weltraumgemüse" und wie schmeckt es?

SPOILER-ALARM!

Ich stelle eine Frage, die man eigentlich nie stellen möchte:
„Habe ich da gerade Pipi gegessen?"

Auf zum Mars oder: Ich esse Weltraumgemüse

Das derzeit übliche Astronautenessen beschreibe ich auf Seite 129.

Grüne Salate, saftige Tomaten, scharfe Radieschen – kein Dosen-Essen oder trockene Chips. Hier in Bremen möchte ich die Zukunft der Weltraumernährung kennenlernen. Und finde mich erst mal im kalten Neonlicht einer betonierten Tiefgarage wieder. HÄ? Ein krasser Gegensatz zur Naturfrische, die ich erwartet hatte. Aber Paul Zabel führt mich zu einer dicken Metalltür und versichert: „Du bist hier schon richtig, komm mit."

Paul ist Wissenschaftler beim Eden ISS-Projekt des Deutschen Zentrums für Luft- und Raumfahrt. Dabei wird erforscht, wie Essen unter lebensfeindlichen Bedingungen angebaut werden kann, um den Astronautinnen und Astronauten auf zukünftigen Mond- oder Marsreisen auch mal was Frisches auf die Teller zu bringen. Schließlich könnte eine Mission mit Landung auf dem Mars fast drei Jahre dauern.

← Paul

Jetzt öffnet sich die Tür, ich werfe einen Blick in den Raum und sage einfach nur: „WOW!"

Vor uns liegt ein Hightech-Labor zur Erforschung verschiedener Pflanzenarten. Das hätte ich hier unten echt nicht erwartet.

„Alle anderen Räume waren besetzt, als unser Projekt begann. Da haben wir einfach diesen Raum neben der Tiefgarage zum Labor umgebaut", erklärt Paul.

Bevor wir den Bereich mit den Pflanzen betreten, desinfizieren wir uns die Hände und ziehen Kittel an. Alles muss steril sein, eingeschleppte Keime könnten die Pflanzen angreifen oder die Ergebnisse verfälschen.

Irgendwie unwirklich, hier unten in diesem hochmodernen, aber versteckten Tiefgaragen-Labor.

„Wir erforschen das Pflanzenwachstum ohne Sonnenlicht und Erde. Da sind Paprika – willst du eine probieren?", fragt Paul direkt. Ich zögere kurz … soll ich?

Ich pflücke eine knallrote Mini-Paprika und beiße rein. Vermutlich das sauberste Gemüse, das ich je gegessen habe – ist ja ein keimfreies Labor. KNACK! Total frisch und voll lecker! Ich kaue und frage mich, wie das hier in diesem Kellerraum so gut wachsen kann?

Geschmackstest bestanden!

Auf zum Mars oder: Ich esse Weltraumgemüse

Die Pflanzen sprießen durch die durchlöcherten Deckel von Plastikboxen. „Und was ist da statt Pflanzenerde drin?", frage ich neugierig. „Na, mach doch mal auf!", antwortet Paul verschmitzt. Ich hebe den Deckel der Box hoch und zum Vorschein kommt ein total ineinander verflochtenes Wurzelgeflecht.

Sehr beeindruckend, das mal so zu sehen!

Normalerweise versteckt sich dieser Teil der Pflanze in der Erde – hier hängen die Wurzeln nun frei in einer speziellen **Nährlösung.** Sie versorgt das Gemüse mit allem, was es braucht. Diese „flüssige Erde" ist also eines der Geheimnisse des „Kellergemüses".

Aber auch das **künstliche Licht,** mit dem es bestrahlt wird, spielt eine entscheidende Rolle. Die computergesteuerte Beleuchtung ahmt den natürlichen Tageslauf für die Pflanzen nach. Die Lampen können verschiedene Lichtwellenlängen erzeugen und somit immer genau das Licht liefern, das die Pflanzen für ein optimales Wachstum brauchen.

Zu Lichtwellenlängen habe ich auf Seite 115 etwas notiert.

Außerdem sind noch die richtige **Temperatur** und ein ausgeklügeltes **Belüftungssystem** wichtig, damit sich die Pflanzen pudelwohl fühlen, erklärt mir Paul.

Dann zeigt er mir verschiedene Sorten steril verpackter Pflanzensamen. Wenn es irgendwann so weit ist, können Astronauten die Samen mit auf ihre Langzeitmissionen nehmen, also zum Beispiel zum Mars, um sie dort anzubauen.

Der Mars ist nämlich eines der nächsten Weltraumziele der Menschheit. Hier ein paar Infos über diesen Planeten:

143

DER ROTE PLANET

Auf den Seiten 70/71 sieht man das in meiner Zeichnung des Sonnensystems ganz gut.

Der Mars ist ein direkter Nachbarplanet der Erde. Er wird auch „roter Planet" genannt, da seine Oberfläche mit rötlichem Staub und Gestein bedeckt ist. Es gibt Berge, Schluchten und Vulkane und es kann sehr stürmisch sein.

Mars-Fakten:
- benannt nach dem römischen Kriegsgott Mars
- Temperatur: etwa -130 bis +20 Grad Celsius
- Monde: 2 Stück, Phobos und Daimos
- Durchmesser: 6794 Kilometer (etwa die Hälfte der Erde)
- Bedingungen für Leben: schlecht. Kaum Sauerstoff, extreme Temperaturen und sehr geringer Druck wären für Menschen ohne Schutz tödlich. Außerdem ist die gefährliche Strahlung der Sonne und aus der Galaxie hier sehr stark und damit sehr lebensfeindlich.

In den vergangenen Jahren sind robotische Raumsonden auf dem Mars gelandet und haben ihn untersucht.

Der derzeitige Untersuchungsroboter heißt „Curiosity" - auf Deutsch „Neugier". Er kann eigenständig über die Marsoberfläche fahren und auch Proben nehmen und analysieren.

Man weiß mittlerweile: An den Polen des Mars und auch unter seiner Oberfläche gibt es Eis – also Wasser! Vor langer Zeit gab es auch Flüsse und Seen und die Atmosphäre war viel lebensfreundlicher.

Theoretisch könnte es auf dem Mars daher früher zum Beispiel minikleine Lebensformen wie Mikroben gegeben haben. Marsmissionen können dabei helfen, dies zu erforschen. ↪ Mehr zu den Gründen, zum Mars zu fliegen, steht ab Seite 149.

Auf zum Mars oder: Ich esse Weltraumgemüse

Als Nächstes zeigt mir Paul, wie er bald **Gemüse in der Antarktis** anbauen möchte. Das klingt etwa so verrückt, als wolle man auf der Sonne Eiswürfel machen. Doch Paul und seine Kollegen werden das tatsächlich versuchen – aus gutem Grund.

Wir sind mittlerweile in einem mobilen Hightech-Gewächshaus angekommen, das hinter dem Gebäude steht. Es wurde für die Gemüsezucht unter weltraumähnlichen Bedingungen konstruiert. Bald soll es zusammen mit Paul den weiten Weg in die Antarktis antreten. Denn dort ist es ähnlich lebensfeindlich wie zum Beispiel auf dem Mars. Perfekt also, um den Anbau von Weltraumgemüse möglichst realistisch zu testen.

Es ist dort sehr kalt – locker -45 Grad Celsius – und sehr trocken.

Beim Betreten habe ich das Gefühl, mit nur einem Schritt direkt in der Zukunft gelandet zu sein. Sehe ich hier gerade vor mir, wie sich die Menschheit künftig ernähren wird?

Der ganze Raum ist mit den speziellen Pflanzenlampen ausgestattet, es ist sehr hell.

Paprika, Salate, Kräuter, Gurken, hier gibt's tatsächlich jede Menge Grünzeug. Die Pflanzen wachsen, wie auch vorhin im Labor, in Boxen mit Nährlösung.

Zeit für ein Selfie mit Paul!

Das Gewächshaus ist so konstruiert, dass man es an nahezu jedem beliebigen Ort aufbauen und in Betrieb nehmen kann. Alles ist computergesteuert.

Paul erläutert: „Wir haben hier keine Schädlinge und brauchen daher keine Schädlingsbekämpfungsmittel. Und wir können so perfekte Bedingungen schaffen, dass die Pflanzen sogar **schneller** wachsen als in der Natur!"

Außerdem kann mit Hilfe der Pflanzen die Luft sauber gehalten, Wasser aufbereitet und Bioabfall als Dünger wiederverwertet werden – bei langen Aufenthalten im Weltraum spielt das eine wichtige Rolle!

Auf zum Mars oder: Ich esse Weltraumgemüse

Ich esse mich ein bisschen durchs Gemüse, als mir Paul eine kleine Tomate reicht: „Hier, probier die mal."

Ohne lange zu überlegen stecke ich die kleine, pralle Kugel in den Mund und lasse sie genüsslich auf der Zunge aufplatzen. Lecker!

„Das war eine besondere Tomate, wir haben sie mit menschlichem Urin gedüngt. Super Nährstoffe für Pflanzen."

„Habe ich da gerade Pipi gegessen?", frage ich ein bisschen schockiert. Aber Paul beruhigt mich. Die Pflanze hat den Urin natürlich längst verarbeitet und ist dadurch einfach nur gut gewachsen.

Auf Reisen zum Mars müsste Pflanzendünger also nicht extra ins Gepäck. Der Urin der Astronauten würde einfach recycelt.

Tolle Idee! Denn eine Marsmission könnte einige Jahre dauern! Hier kommen die wichtigsten Fakten zu diesem großen Astro-Abenteuer.

Das mache ich täglich.

FÜNF W ZUR MARSMISSION

Wir denken da schnell an kleine grüne Männchen. Wissenschaftler aber eher an Kleinstlebewesen wie Bakterien.

Warum wollen Menschen zum Mars?

Gab oder gibt es Leben außerhalb der Erde? Der Mars könnte helfen, diese Frage zu beantworten. Wissenschaftler hoffen, auch mehr darüber zu erfahren, wie genau Leben eigentlich entsteht und ob es auch anders aussehen könnte als bei uns. Die Suche nach dem Ursprung des Lebens ist also ein großer Antrieb für Missionen zum Mars.

Darüber hinaus gilt eine gelungene Marsmission als Meilenstein für eine mögliche Besiedlung des Weltraums. Und: Das Land, das den Flug als erstes schafft, verspricht sich viel Anerkennung und Bewunderung vom Rest der Welt.

Manche sagen dennoch, Kosten und Aufwand seien dafür viel zu hoch, Roboter könnten auf dem Mars genauso forschen - und das wäre viel billiger.

Wer fliegt auf den Mars?

Dazu hat ein Wettstreit zwischen Ländern und Firmen begonnen. Zum Beispiel zwischen den USA, Russland und China sowie amerikanischen Firmen wie „Space X" oder „Blue Origin", die mit der bemannten Raumfahrt auch Geld verdienen wollen. Europa würde sich vermutlich beteiligen, hat aber keine eigenen Pläne für einen solchen Flug.

Wie kommen Menschen auf den Mars?

Mit speziell dafür entwickelten Raketen. Erste Modelle gibt es schon.

Ganz wichtig: der richtige Startzeitpunkt. Denn die Entfernung zum Mars ändert sich im Laufe der Jahre immer wieder, je nachdem, wo auf seiner Umlaufbahn er sich gerade befindet. So kann sie zwischen 56 Millionen und 401 Millionen Kilometern betragen. Je geringer die Entfernung, desto kürzer die Reise, das ist ja klar.

Eine Marsmission mit Landung auf der Oberfläche würde an die drei Jahre dauern: ungefähr sieben Monate Hinreise, knapp eineinhalb Jahre Aufenthalt bis zu einem guten Rückflugzeitpunkt und dann die Rückreise.

Risiken eines so langen Aufenthalts im All weit weg von der Erde sind zum Beispiel:

- gefährliche kosmische Strahlung
- Muskel- und Knochenabbau
- problematische Versorgung der Mannschaft mit gesunder Nahrung
- technische Störungen
- Konflikte im Team, da man lange auf engem Raum zusammenlebt

Es gibt für alle dieser Probleme Lösungsideen, die derzeit erprobt werden.

Wann geht's los?

Die Jahre 2033 und 2048 wären gute Zeitpunkte, da der Mars dann nah an der Erde ist. Die Firma „Space X" will es vorher versuchen. Als sicher gilt: Bevor es Richtung Mars geht, landen Menschen noch mal auf dem Mond.

Und nun zum fünften W - wie „WOW"

WOW!-WISSEN

WOHNEN AUF DEM MARS

Forscher haben eine Wohn- und Arbeitsstation entwickelt, in der Menschen auf Langzeitmissionen wie der zum Mars leben könnten. Davon existiert auch schon das erste Modell, in dem einige Wissenschaftler bereits testweise gewohnt haben. Unter anderem die deutsche Geophysikerin und Leiterin des Projekts, Christiane Heinicke.

So in etwa könnte das dann aussehen.

NAME DES PROJEKTS:
MaMBA (= Moon and Mars Base Analog)

ORT: Bremen

GRÖSSE EINES WOHN- UND ARBEITSZYLINDERS:
7 Meter hoch, 5 Meter Durchmesser, 8 Quadratmeter Wohnfläche, zweistöckig

Jetzt wird's verrückt: Ich will im etwa 15.000 Kilometer entfernten ewigen Eis der Antarktis anrufen. Mein Besuch bei Paul in Bremen ist einige Monate her – mittlerweile wurde das mobile Gewächshaus per Schiff und mit Schlitten in die Antarktis gebracht. Dort steht es jetzt in der Nähe der Polarforschungsstation „Neumeyer III" – Pauls Zuhause für ein Jahr. Hier lebt er gemeinsam mit zehn weiteren Forschern, die an anderen Projekten arbeiten.

Der Gewächshauscontainer steht dort wie auf Stelzen im Eis.

Paul kümmert sich hier nicht nur um die Pflanzen, sondern muss auch Geräte sowie Computer am Laufen halten und Experimente betreuen. Das Gewächshaus wird zusätzlich von einer Kontrollstation in Bremen ständig überwacht. Und genau da bin ich jetzt angekommen, um meinen Videoanruf bei Paul zu machen.

Ich will wissen: Wie läuft der Testlauf für die Gemüsezucht auf fremden Planeten, in dieser total isolierten, weltraumähnlichen Umgebung?

153

Auf zum Mars oder: Ich esse Weltraumgemüse

Und tatsächlich, plötzlich steht die Sattelitenverbindung und ich sehe Paul auf dem Monitor vor mir.

„Wie geht's dir und den Pflanzen?", frage ich sofort neugierig.

„Mir geht's gut und das Gewächshaus läuft super: etwa 24 Salatköpfe alle zwei Wochen, zwei Kilo Gurken pro Woche, ein Kilo Tomaten, alles da!", sagt er glücklich.

Wahnsinn! **Nahrungsmittel könnten wohl also tatsächlich auf dem Mars angebaut werden.** Das Projekt ist ein voller Erfolg. Wir quatschen noch kurz und verabschieden uns auch schon wieder voneinander.

„Mach´s gut – und weiterhin gute Ernten!", rufe ich ihm noch zu, dann ist die Verbindung beendet.

Mit den Erfahrungen und Daten aus der Antarktis möchte das Eden ISS-Team in den kommenden Jahren ein faltbares Gewächshaus für Weltraummissionen entwickeln. Damit die Astronautinnen und Astronauten der Zukunft was Frisches auf den Teller bekommen. Den Geschmackstest hat das Weltraumgemüse bei mir auf jeden Fall bestanden!

Antworten

Wie ist der aktuelle Stand der Marsmission?
Die Technik für eine Marsmission existiert bereits und wird derzeit noch getestet und verbessert. Die Jahre 2033 und 2048 wären gut für einen Start, weil der Mars dann besonders nah ist. Manche wollen aber schon viel früher hin.

Wie schmeckt Weltraumgemüse?
Lecker und knackig – besser als so manches Supermarktgemüse. Es ist sauber und gesund!

So – mein Notizbuch zur Eroberung des Weltalls ist voll. Ich habe jede Menge Fakten zusammengetragen, viele aufregende Erlebnisse gesammelt und faszinierende Menschen kennengelernt. Und trotzdem, so ganz fertig mit dem Thema bin ich noch nicht ...

In meinem Podcast geht's weiter ... »

Mission 7: ✓

Meine Wissensmission geht weiter

– im Podcast!

So ist das mit Fragen:

Ist eine beantwortet, warten mindestens zwei neue um die Ecke.

Die Eroberung des Weltalls ist also in vollem Gange! Viele meiner Fragen dazu wurden beantwortet, einige neue sind mir allerdings auch über den Weg gelaufen. Und Antworten darauf habe ich von ein paar tollen Menschen bereits bekommen. Welche, das hörst du in meinem Podcast „Eric erforscht".

Vier Folgen gibt's zum Thema Weltraum. Darin interviewe ich zum Beispiel einen Experten, um zu klären, ob es Außerirdische gibt oder nicht. Aber auch über wilde Tiere kannst du dir in vier weiteren Folgen berichten lassen, wenn du möchtest. Inklusive Geräusche-Rätsel – und Caramelo ist auch mit dabei! Du findest den Podcast auf vielen bekannten Plattformen. Eine Übersicht gibt es im Internet unter: **ericerforscht.carlsen.de**

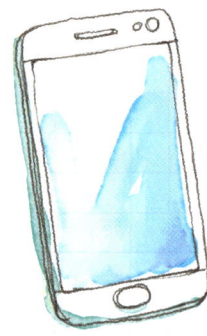

Oder einfach den QR-Code mit der Kamera eines Smartphones scannen.

> Podcast

Mein Wissenskribbeln im Bauch zum Thema Weltall ist nun erst mal gestillt. Ich habe nicht nur viele Fakten gelernt, mir ist auch klar geworden:

Wir Menschen müssen uns manchmal unerreichbar scheinende Ziele setzen, damit wir über uns hinauswachsen können. Dann kommen wir voran – und zwar gemeinsam!

Durch grenzenlosen Entdeckergeist, technischen Fortschritt und die Arbeit von unermüdlichen Wissenschaftlerinnen und Wissenschaftlern wurde das Unglaubliche möglich: die Eroberung des Weltalls.

Um unbekannte Welten zu entdecken, muss man übrigens nicht unbedingt Astronaut sein! Mit einer gehörigen Portion Neugier und guten Fragen im Gepäck lässt sich überall jede Menge erleben und herausfinden.

Und neues Wissen bringt einen manchmal sogar noch weiter als jede Rakete. Ich freue mich schon auf meine nächsten Wissensmissionen – und hoffe, du bist dabei!

Dein
ERIC